Entspannung mit Kindern

Bibliografische Information der Deutschen Bibliothek

Die Deutsche Bibliothek verzeichnet diese Publikation in der Deutschen Nationalbibliografie; detaillierte bibliografische Daten sind im Internet über http://dnb.d-nb.de abrufbar.

Reihe: LAGOM BOOKS
Illustrationen: Sima Kretzschmar
Gestaltung: Sascha Fricke, Merqur Medien-Design, Greifswald
Herstellung und Verlag: Books on Demand GmbH, Norderstedt

ISBN 978-3-8370-6909-9

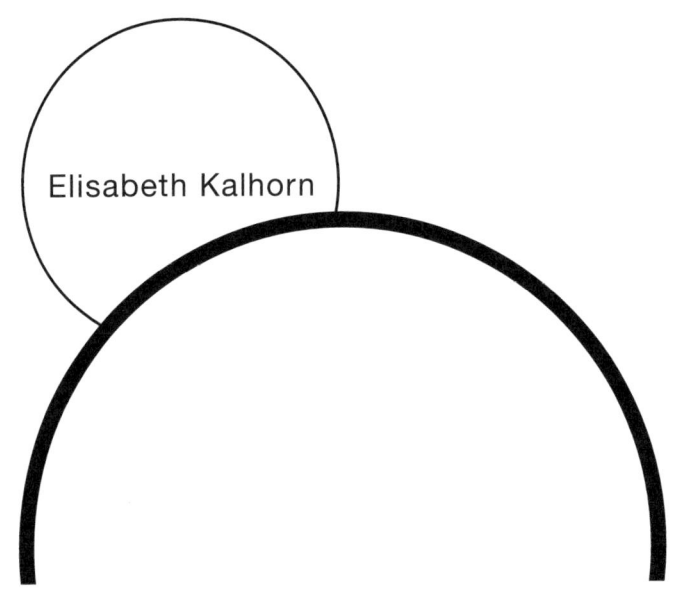

Elisabeth Kalhorn

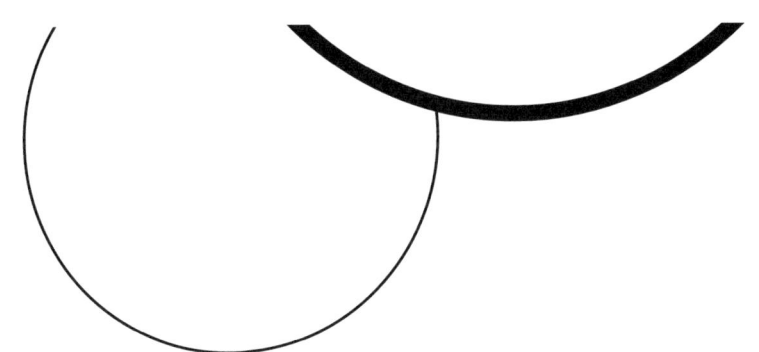

Entspannung mit Kindern

EIN IDEENBUCH

Elisabeth Kalhorn, Jahrgang 1973, ist freiberufliche Psychologin und Lehrbeauftragte am Lehrstuhl für Entwicklungspsychologie und Pädagogische Psychologie an der Ernst-Moritz-Arndt-Universität Greifswald.

Sima Kretzschmar, 1973 in Leipzig geboren, Sängerin und Rechtsanwältin für Familienrecht, lebt mit ihrem Lebensgefährten und den gemeinsamen Kindern in Berlin.

Dieses Buch wäre nicht ohne die Inspiration und Ideen der Studierenden in meinen Seminaren entstanden. Vielen Dank!

Wie es zu diesem Buch kam

Die Idee dieses Buch zu schreiben, entstand im Kontakt mit ganz unterschiedlichen Menschen und Dingen um mich herum.

Zuerst möchte ich die Studierenden erwähnen, die meine Seminare an der Universität besuchen. Sie befassen sich jeweils ein Semester lang damit, wie man mit Kindern entspannen kann. Sie planen selbst eine Entspannungseinheit und führen diese dann in einem Kindergarten oder einer Grundschule durch. Ich fragte mich also, warum diese kreativen Ideen nur einer Hand voll Kindern zu Gute kommen sollten und dachte das erste Mal an ein Buch.

In Weiterbildungsveranstaltungen für Erzieherinnen und Erzieher, Grundschullehrerinnen und -lehrer und in Elternkursen wurde ich immer wieder nach schriftlich niedergelegten Entspannungseinheiten gefragt. Wiederholt wurde das Bedürfnis geäußert, ein Buch zu haben, in dem schon „fertige" Einheiten zu finden sind, die einfach umgesetzt werden können. Also dachte ich ein zweites Mal an ein eigenes Buch.

Und dann ist da der Alltag, in dem mir so viele Dinge begegnen, die sich eignen, entspannte Momente herzustellen. Dinge, die meine Sinne anregen. Und weil ich sie gern mit anderen teilen möchte, dachte ich ein drittes Mal an das Buch. Ja, und weil aller guten Dinge drei sind, habe ich dann einfach angefangen zu schreiben.

Ich hoffe, dass Sie ein wenig von der Freude spüren können, die ich dabei hatte und dass Sie Ideen und Anregungen finden, Ihren eigenen Weg zur Entspannung mit Kindern und vielleicht auch für sich selbst zu finden.

Elisabeth Kalhorn

Aufbau des Buches

Zu Beginn dieses Buches finden Sie einen kurzen Überblick darüber, was Entspannung ist, welche Formen es gibt, was sie bewirkt und was insbesondere bei der Entspannung mit Kindern zu beachten ist. Lesen Sie diesen Teil in Ruhe durch, denn es ist wichtig, dass Sie einen Überblick über die Möglichkeiten und Grenzen von Entspannung gewonnen haben, ehe Sie sich selbst ausprobieren.

Dem theoretischen Teil schließt sich der Ideenteil des Buches an. Sie finden dort Anregungen, bewusste Entspannungszeiten mit einem Kind zu gestalten. Ich habe diese Zeiten *Für-mich-Zeiten* genannt. Es werden zum einen kleine Übungen vorgestellt, mit denen die Sinne im Alltag geschärft werden können. Das sind die *Für-mich-Zeiten-für-zwischendurch*. Diesen folgen längere und gezieltere Entspannungseinheiten, die in Schule, Kindergarten und daheim einfach angewandt werden können.

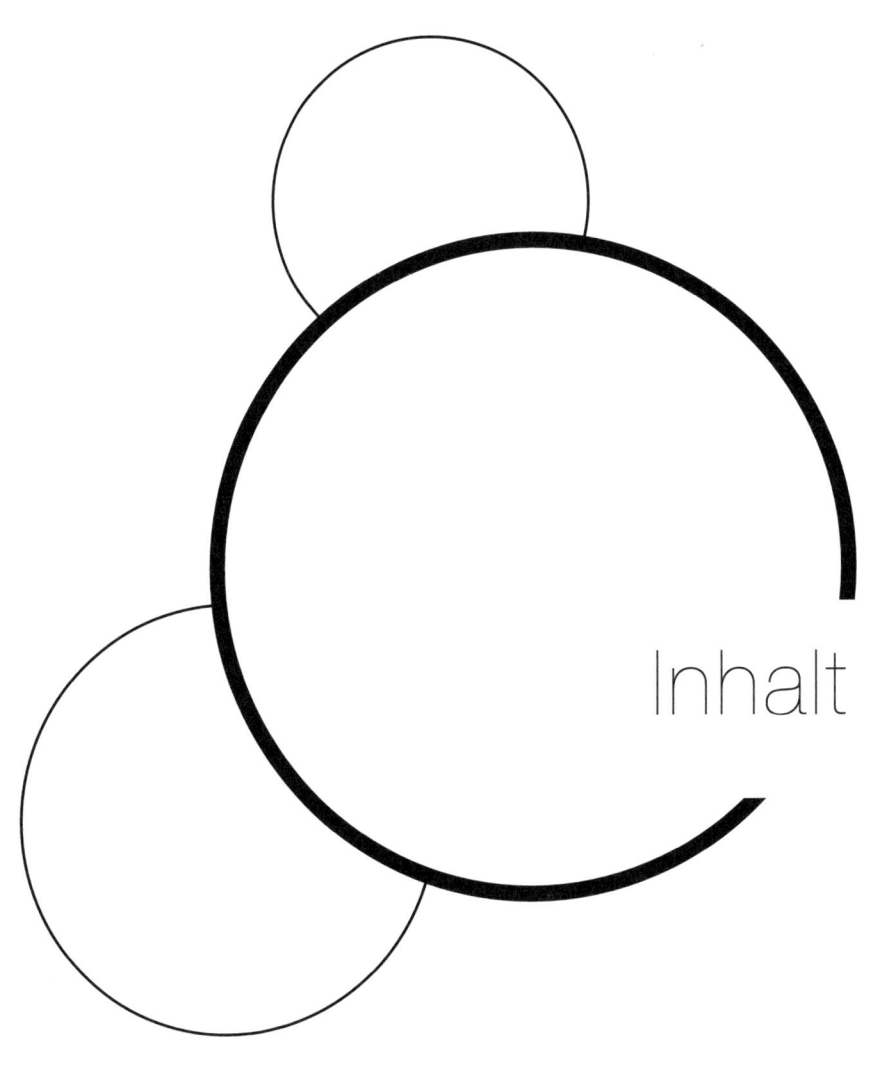

Inhalt

Inhaltsverzeichnis

Entspannungseinheiten

Grundlagen

Entspannung – was ist das überhaupt?

Betrachten wir uns das Wort ganz naiv, so zerfällt es in die Teile „ent-" und „Spannung". Die Vorsilbe „ent-" bedeutet dabei soviel wie „den aufhebenden Gegensatz einer Handlung" (Pfeifer, 1993). Somit kann Entspannung als ein Auflösen von Spannung verstanden werden. Dabei geht es zumeist um körperliche, emotionale oder geistige Spannungszustände.

Wenn also ein Kind vor der Klassenarbeit so angespannt ist, dass es in seinem Kopf aussieht wie in einem großen schwarzen Loch, wenn es Angst empfindet und seine Zähne fest zusammenbeißt, dann kann Entspannung dazu beitragen, diese Zustände zu mindern. Meist treten, wie vor der Leistungskontrolle, geistige, emotionale und körperliche Spannungszustände gleichzeitig auf (Jacobson, 1934).

Welche Entspannungsverfahren gibt es?

Es gibt ganz unterschiedliche Möglichkeiten, sich zu entspannen. In der psychologischen Fachliteratur und Lehre werden immer wieder zwei, in ihrer Wirksamkeit gut nachgewiesene, Verfahren zur Entspannung zitiert: das „Autogene Training" und die „Progressive Muskelentspannung".

Anfang des 20. Jahrhunderts beschrieb der amerikanische Physiologe Edmund Jacobson erstmals seine Idee der progressiven/fortschreitenden Muskelentspannung. Dabei ging Jacobson davon aus, dass jede psychische Erregung mit steigender Muskelspannung einhergeht. Er entwickelte ein Verfahren, bei dem einzelne Muskelgruppen an- und entspannt werden. Durch die körperliche Entspannung sollen auch die geistige oder emotionale Spannung gemindert werden.

Fast zeitgleich veröffentlichte in Deutschland der Arzt Johannes Heinrich Schulz seine Ergebnisse zum Autogenen Training. Autogen bedeutet: aus sich selbst entstehend, nicht von außen gebracht. Schulz nahm an, dass Menschen fähig sind, durch Autosuggestion, also durch Selbstinstruktionen, in einen entspannten Zustand zu geraten. Dadurch werden körperliche und geistige Erregungen gemindert. Beide Verfahren sind

Gegenstand zahlreicher Forschungen und führen nachweislich zu Entspannung. Wie es ganz genau dazu kommt, konnte bis ins letzte Detail jedoch noch nicht geklärt werden.

Die genannten Entspannungsverfahren sind in ihren ursprünglichen Versionen für Kinder meist weniger gut anwendbar. Daher haben einige Autoren, z.b. Ulrike Petermann (2006) oder Dietmar Ohm (2000), das Autogene Training beziehungsweise die Progressive Muskelentspannung in kindgerechte Erzählungen verpackt.

Geschichten spielen für Kinder eine bedeutende Rolle. Somit stellen Entspannungsgeschichten, die auch Traumreisen genannt werden, eine geeignete Form dar, gerade jüngere Kinder an die Entspannung heranzuführen. Sie finden im hinteren Teil dieses Buches eine Reihe von Entspannungsgeschichten zu verschiedenen Thematiken. Eine weitere Möglichkeit mit Kindern zu entspannen, leitet sich aus den Forschungsergebnissen zu den eutymen Techniken (Techniken, die unsere Genussfähigkeit ansprechen) ab. Diese Studien zeigen, dass das „Mit-allen-Sinnen-Genießen" Stress reduzierende, entspannende Wirkung hat. Gerade Kinder lieben diese alltägliche Art, zu sich zu finden und Spannung abzubauen. Auch hierzu finden Sie mit den *Für-mich-Zeiten-für-zwischendurch* Anregungen im Ideenteil dieses Buches.

Warum sollten Kinder entspannen?

Die einfachste Antwort auf die gestellte Frage ist: „Weil es ihnen gut tut." Dass Entspannung wohltuend ist, haben wohl die meisten Menschen schon an sich selbst erfahren.

Gut nachgewiesen sind verschiedene Effekte der Entspannung. Einfach ausgedrückt und zusammengefasst senkt das Autogene Training bei regelmäßiger Anwendung das körperliche Erregungsniveau. Wir schwitzen nicht mehr so stark wie in Erregungszuständen, unsere Körpertemperatur steigt ein wenig an, wir atmen tiefer und gleichmäßiger und unser Herz schlägt ruhiger als unter Stress. Untersuchungen der Hirnwellen ergaben, dass tiefe Entspannung einer Art „Vorschlafphase" gleicht.

Zwischen Erwachsenen und Kindern gibt es, was das Ausmaß an Stressreaktionen betrifft, inzwischen kaum noch Unterschiede. Kinder sind, wie wir Erwachsene, vielerlei Anforderungen ausgesetzt, die ihre eigenen Möglichkeiten überschreiten damit umzugehen. Kinder zeigen zum Beispiel Leistungsängste, motorische Unruhe, psychosomatisch bedingte Bauchschmerzen oder sind einfach, wie wir, k.o. vom Umgang mit vielen Eindrücken, Erlebnissen und Anforderungen. Krowatschek und Zuzack (2000) berichteten, dass Kinder, die regelmäßig Entspannung anwenden, fröhlicher spielen und sich gesünder fühlen. Sie können Aufgaben besser bewältigen und angemessener miteinander umgehen. Sie entwickeln eine lebhaftere Phantasie, erzählen mehr und sind in der Lage, den Alltag zu genießen.

Wie kann man mit Kindern entspannen?

Wenn Sie später den Ideenteil lesen, finden Sie vielfältige Anregungen, Entspannung mit Kindern zu gestalten. Wichtig ist es dabei, einige Regeln zu beachten.

1. **Entspannung braucht Zeit**
   „Wenn ich entspanne, entspanne ich."
   Zeit heißt also nicht die Anzahl von Minuten, sondern das „Ganz-Dabeisein." Das sollten auch wir Erwachsene bedenken, wenn wir Kindern Entspannung nahe bringen wollen. Auch wir sollten uns einlassen und Geduld haben. Entspannung „funktioniert" oft nicht beim ersten Mal.

2. **Entspannung braucht Ruhe**
   Entspannung sollte an einem möglichst warmen, ruhigen und störungsfreien Ort passieren. In einer Familie, in einem Kindergarten oder einer Schule werden wir das nie ganz hinbekommen. Ein Hinweis an die Mitmenschen oder ein kleines Schild an der Tür fördern jedoch die Rücksichtnahme.

3. **Entspannung braucht Behagen**

    Entspannen kann man nicht, wenn man ganz dringend zur Toilette muss, wenn ein enger Hosenknopf oder ein kratzender Pullover stören. Achten Sie darauf, dass die Kinder vorher noch einmal die Toilette aufsuchen können und sich in ihrer Kleidung und der Umgebung möglichst wohl fühlen.

4. **Entspannung braucht Vertrauen**

    Es ist wichtig, dass Kinder sich geborgen und angenommen fühlen von der Person oder den Personen, mit denen sie entspannen.

Manche Autoren diskutieren bei den Regeln die Frage, ob Kinder die Augen geschlossen halten oder „absolut" ruhig sein sollten. Ich sehe das nicht so eng. Kinder müssen sich auch während einer Entspannungseinheit drehen und wenden können. Hier können wir Großen uns ein wenig in Geduld üben oder den Vorbildjoker ausspielen. Wenn wir selbst möglichst wenig hin und her zappeln, sind wir den Kindern ein Modell und es färbt ziemlich wahrscheinlich auf sie ab. Manchen Kindern macht es Angst oder es ist für sie ungewohnt, die Augen zu schließen, manche wollen auf keinen Fall einschlafen und lassen sie daher geöffnet. Wir können hin und wieder darauf hinweisen, die Augen zu schließen. Geschlossene Augen fördern sicher das Abschalten, sind aber keine Grundvoraussetzung für entspanntes Dasein.

Wann sollte keine Entspannung angewandt werden?

Es gibt ein paar Situationen und Voraussetzungen, in denen Entspannung nicht angewendet werden sollte. Verschiedene Wissenschaftler, die sich schon lange mit Entspannungstechniken befassen, beschreiben unterschiedliche Kontraindikationen. Dabei beziehen sie sich einerseits auf die vollständig angewandten systematischen Verfahren Autogenes Training und Progressive Muskelentspannung und andererseits auch auf Entspannungsgeschichten, in die diese Verfahren „verpackt" wurden. Einer der wichtigsten Entspannungsforscher, Krampen (2000), nannte akute Belastungs- und Krankheitszustände. Kinder, die z.B. eine posttraumatische Belastungsstörung oder psychotische Zustände erleben, sollten keine Entspannung durchführen. Auch bei einem akuten Magen-Darm-Infekt ist Entspannung nicht günstig, weil dann das Kind seine Körperfunktionen zu wenig steuern kann. Ebenfalls kontraindiziert ist Entspannung nach Petermann & Petermann (2000) für Kinder, die unter einer speziellen Form von Asthma, dem Small-Airway-Asthma, leiden. Bei Kindern mit Anfallserkrankungen (z.B. Epilepsie) ist eine Entspannung, angeleitet durch Laien, ebenfalls nicht ratsam, da möglicherweise Anfälle ausgelöst werden können. Auch bei Herz-Kreislauf-Erkrankungen oder (angeborenen) Herzfehlern sollten Laien nach den genannten Autoren nicht mit Kindern entspannen. Falls Sie unsicher sind, ob ein Kind in einer Situation ist, in der Entspannung nicht angesagt ist, kontaktieren Sie einen Arzt, eine Ärztin oder eine Entspannungsexpertin bzw. einen Entspannungsexperten. Im Zweifel verzichten Sie auf eine Entspannungseinheit.

Was ist sonst noch wichtig?

Das Wichtigste ist, dass Entspannung Freude macht, dass sie im Leben der Kinder zu etwas wird, das sie gern tun. Sicher wird das nicht immer und in jeder Entspannungssituation in vollem Umfang der Fall sein, aber generell soll Entspannung Spaß machen.

Seien Sie selbst und mit den Kindern kreativ, was die Entspannung betrifft. Seien Sie ermuntert, sich Dinge auszudenken oder etwas Neues, auch einmal Ungewöhnliches auszuprobieren. Lassen Sie der Phantasie freien Lauf. Allerdings: **Dinge, die mit Entspannung zu tun haben,**

dürfen keine Angst machen, nicht unangenehm sein und nicht die persönlichen Grenzen des Kindes verletzen! Fragen Sie daher Kinder immer nach ihrer Meinung und ihren Vorstellungen. Lassen Sie ein Kind, das etwas (noch) nicht mitmachen möchte, erst einmal beobachten. Eigene Grenzen zu spüren, wahrzunehmen und zu schützen ist wichtig für Kinder, für uns Erwachsene übrigens auch. Überfordern Sie sich daher auch nicht mit der perfekten Entspannung. Die gibt es nicht! Leiten Sie gewissenhaft und verantwortungsvoll und vor allem mit Freude und Lockerheit an. Tun Sie es ganz so, wie *Sie* es können.

Beginn und Ende von gezielter Entspannung

Eine entspannende Zeit, egal wie lang sie ist, sollte einen klar markierten Anfang und ein klar markiertes Ende besitzen. Stellen Sie sich und die Kinder, mit denen Sie entspannen wollen, darauf ein, dass nun eine entspannende Zeit oder ein Moment bewusster Wahrnehmung beginnt. Nehmen Sie sich Zeit anzukommen, um sich und die Kinder vorzubereiten.

Im Anschluss an eine Entspannungseinheit ist es wichtig, wieder dort anzukommen, wo man gerade ist: im Kinderzimmer, der Schule, im Alltag. Beachten Sie daher immer die Rückholung der Kinder in das Hier und Jetzt. Geben Sie den Kindern Gelegenheit, über ihre Erfahrungen mit der Entspannung zu sprechen.

Nach einer entspannenden Zeit und der erfolgten Rückholung und Rückmeldung beenden Sie gemeinsam bewusst diese Entspannungszeit.

Vielleicht fällt Ihnen zur Begrüßung und zur Verabschiedung eine kleine, immer wiederkehrende Zeremonie, ein Ritual, ein. Eine Möglichkeit wäre es, sich immer in einem Kreis „Hallo" und „Tschüß" zu sagen.

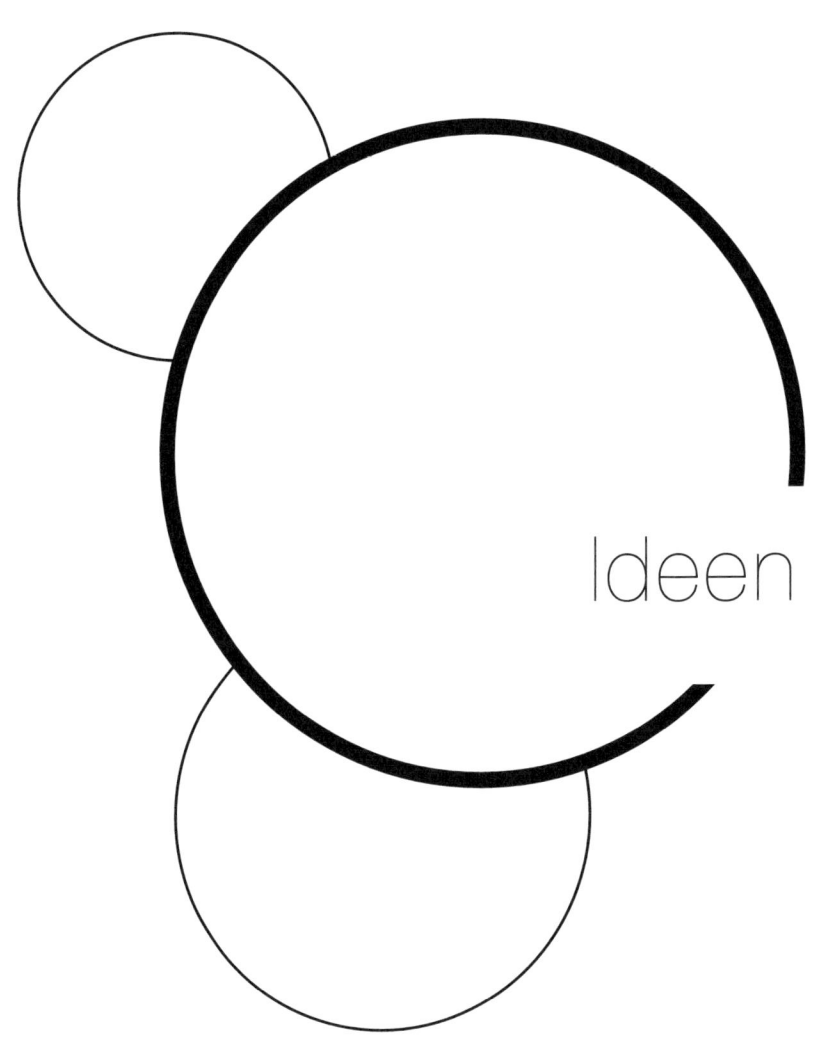

Ideen

Nun geht's los!

Im folgenden Ideenteil finden Sie Anregungen, mit
Kindern zu entspannen. Sie
können von kleineren Möglichkeiten der Entspannung im
Alltag mit Kindern lesen, die ich
Für-mich-Zeiten-für-zwischendurch
genannt habe, und Sie finden Anregungen
für längere *Für-mich-Zeiten*, die Entspannungseinheiten. Es sind nur einige Ideen und Vorschläge, die Ihre eigene Kreativität anregen sollen.
Im Anhang finden Sie weitergehende Literatur und Buchempfehlungen.
Und im Übrigen: Nutzen Sie ruhig einige Dinge und Ideen für sich als
Erwachsenen. Das ist durchaus erwünscht.

Die meisten Übungen können Sie auch in Gruppen durchführen. Die
angenehmste Gruppengröße liegt bei zehn Kindern. Mit ein wenig Erfahrung kann auch mit größeren Gruppen entspannt werden.

Fassen Sie die Ideen als Angebote auf. Wandeln Sie sie für sich ab und
seien Sie selbst kreativ und erfinderisch!

Viel Spaß!

Für-mich-Zeit

Sich für sich selbst Zeit zu nehmen ist nicht gerade das, was wir selbstverständlich lernen. Ermöglichen Sie Kindern diesen Lernprozess, indem Sie eine *Für-mich-Zeit* einführen. Die *Für-mich-Zeit* ist eine Zeit, in der ich mir etwas Gutes tue, in der ich mit mir selbst in Kontakt komme und in mir versunken sein kann, mich entspanne. *Für-mich-Zeiten* fördern die Entspannung, indem sie die Sinne, die Wahrnehmungsfähigkeit und die Bewusstheit schulen.

Ich unterscheide *Für-mich-Zeiten-für-zwischendurch* von den Entspannungseinheiten, die längere *Für-mich-Zeiten* sind.

Dabei sind die *Für-mich-Zeiten-für-zwischendurch* so angelegt, dass sie tatsächlich in jedem Alltag Platz finden können. Es ist schwer zu sagen, wie lang sie tatsächlich andauern sollten. Das liegt ein wenig am Alter und den persönlichen Eigenheiten eines jeden Kindes. Auch ist die Zeitangabe abhängig von dem, was ich tue. Ein Fußbad ist vielleicht kürzer als ein Spaziergang mit allen Sinnen. Wichtig ist, dass die *Für-mich-Zeit* eine Regelmäßigkeit hat, dass sie möglichst an jedem Tag vorkommt. Allein diese Tatsache macht deutlich, dass das nicht immer eine Stunde sein kann. Eine gelungene *Für-mich-Zeit-für-zwischendurch* von fünf Minuten ist allemal wünschenswerter als eine verkrampfte halbe Stunde. Die Entspannungseinheiten sind zeitlich ein wenig länger konzipiert. Sie dauern zwischen 15 und 30 Minuten. Führen Sie also nur eine Entspannungseinheit durch, wenn Sie tatsächlich so viel Zeit haben.

Lassen Sie sich generell bei der Planung und Durchführung einer *Für-mich-Zeit-für-zwischendurch* oder einer Entspannungseinheit von der Überzeugung „weniger ist mehr" leiten, dann gelingt es fast immer.

Für-mich-Zeit-für-zwischendurch

Kleine *Für-mich-Zeiten-für-zwischendurch* orientieren sich meist an direkten Sinneserfahrungen. Hier sind also unsere Sinne wichtig, die das Sehen, Hören, Schmecken, Riechen, Tasten/Berühren und auch unsere Raumlage umfassen.

Sie können an einem festen Ort stattfinden, der sich für Entspannung eignet oder einfach zwischendurch und unterwegs, z.B. bei einer Bahnfahrt, eingebaut werden. Kleine *Für-mich-Zeiten-für-zwischendurch* eignen sich auch gut, um im schulischen Alltag eingesetzt zu werden.

Exkurs: Genussfähigkeit

Da die *Für-mich-Zeiten-für-zwischendurch* an die Forschungen und Erfahrungen zur Genussfähigkeit anknüpfen, an dieser Stelle einige Worte dazu.

Der Genuss ist einer der wichtigsten Freunde der Entspannung. Koppenhöfer (1990) und Lutz (1983) stellten Regeln für den Genuss auf. Diese Regeln können für alle Entspannungsübungen gelten und sollen daher kurz dargestellt werden:

1. **Genuss braucht Zeit**
   Damit man sich richtig auf eine Sache einlassen, sie in sich wirken und genießen kann, ist Zeit notwendig. Das muss nicht immer eine Stunde sein. Gerade bei Kindern können auch kürzere Zeitspannen ausreichen. Manchmal sind es nur fünf genussvolle Minuten.

2. **Sich selbst Genuss erlauben**
   Hier können Sie Ihren Kindern etwas Entscheidendes mit ins Leben geben. Sie können ihnen eine Werthaltung vermitteln, die beinhaltet, dass Genuss erlaubt ist. Ein Kind darf dasitzen und „ewig" mit einer Kastanie in der Hand spielen, weil sie sich gut anfühlt. Es darf an der Rose riechen oder in Ruhe ein Glas seines Lieblings-Obstsaftes trinken.

3. **Genuss geht nicht nebenbei**
   Diese Regel steht in engem Zusammenhang mit Regel Nr. 1. Es ist das „Ganz-Dabeisein" gemeint. Das kann auch in eingegrenzten Zeiträumen, „zwischendurch" im Alltag passieren.

4. **Jedem das Seine**

Was ich genussvoll finde, was mir gefällt, ist manchmal etwas ganz anderes als das, was Kindern gut tut. Natürlich sind hier auch gesundheitliche Aspekte zu berücksichtigen. Süßigkeiten können auch genossen werden, aber wie die nächste Regel verdeutlicht, in Maßen.

5. **Weniger ist mehr**

Ein Stückchen Schokolade mit Zeit und Dabeisein zu essen, stellt eines der schönsten Genuss-Ereignisse dar. Das kann natürlich auch einmal mit einem Bonbon oder einem Glas Brause passieren. Warum nicht?! Viel anregender und auch gesünder sind allerdings Obstsaft oder Früchte.

6. **Ohne Erfahrung kein Genuss**

Kinder müssen erst einmal ausprobieren, was ihnen wirklich gut tut. Hier haben Sie als Begleiter der Kinder eine große Chance. All die kleinen *Für-mich-Zeit*-Übungen sind ein Lernfeld, in dem Kinder Erfahrungen sammeln können, Erfahrungen, die sie immer in sich tragen, auch in späteren Zeiten.

7. **Genuss ist alltäglich**

Ja, Genuss kann im Alltag passieren. Der Duft der Lindenblüten, der Anblick des Regenbogens, der Wind am Strand, alles kann genossen werden, wenn es einem gut tut.

Ideen für Genuss ergeben sich daher auch im alltäglichen Umgang mit Kindern. Seien Sie Vorbild und regen Sie Ihr Kind an, sich genussvoll zu verhalten. Vielleicht einmal den Weg durch den Park gehen anstatt an der Hauptverkehrsstraße, weil er einfach schöner ist. Vielleicht einmal ganz in Ruhe ein Eis genießen, Stückchen für Stückchen. Vielleicht im Brunnen auf dem Markt die Beine abkühlen...

Konkrete Ideen zu Für-mich-Zeiten-für-zwischendurch

Diesem kurzen Exkurs folgen nun Anregungen, kleine entspannende Momente in den Alltag einzubauen.

Die meisten vorgestellten Übungen regen die Sinne der Kinder an. Das sind, wie weiter oben schon erwähnt: das Sehen, Hören, Schmecken, Riechen, Tasten/Berühren und auch unsere Raumlage.

SEHEN

Unsere Augen sind in einer visuell geprägten Welt immer mehr gefragt. Sie ermöglichen uns beispielsweise Eigenschaften von Dingen wahrzunehmen, Abstände zu bestimmen und Mengen zu unterscheiden. Dass allerdings unsere visuelle Wahrnehmung nicht frei von Fehlern ist, zeigen uns eine Reihe optischer Täuschungen. Durch die Sinnesübungen zum Sehen sollen das bewusste Hinsehen wieder neu entdeckt und ungewöhnliche Seherfahrungen hervorgerufen werden.

• VERSCHWOMMENE BILDER

Falls Sie einen Dia-Projektor besitzen, können verschwommene Bilder eine schöne Anregung zur Kurzentspannung für Kinder sein. Bemalen Sie in angenehmen Rosa- oder Violetttönen ein Glasdia so, dass die Farben ineinander verschwimmen. Im abgedunkelten Raum an die Wand projiziert, lädt ein solches Bild zum Träumen ein.

• KOMPLEXAUGE

Viele Spielzeugläden führen inzwischen „Komplexaugen", eine Art Kaleidoskop mit vielen kleinen Einzelaugen. Man kann durch sie hindurch sehen und durch leichtes Drehen die Welt bewegen. Schicht schiebt sich über Schicht. Ein Erlebnis, über das man sich gut austauschen kann und das eine kleine neue Weltsicht ermöglicht.

• SPIEGELBILD

Eine eher dynamische Übung ist das Spiegelbild. Hier geht es darum, der Spiegel des Anderen zu sein und immer das zu tun, was der Andere auch tut. Vermeiden Sie verletzende Übungen, also Dinge, die dem Kind wehtun könnten – äußerlich und innerlich. Neben der Wahrnehmung der eigenen Bewegung und des eigenen Ausdrucks kann hier auch erfahren werden, den Anderen in seiner Individualität wahrzunehmen.

TASTEN/BERÜHREN

Tasten und Berühren lassen uns haptische Eindrücke der Welt erfahren. Über die Haut, das größte menschliche Organ, können wir beispielsweise Berührung, Temperatur oder Verletzung wahrnehmen. Die Übungen für diesen Sinn sollen die Aufmerksamkeit der Kinder für Berührung und Wärme fördern und dabei auch mögliche Grenzen spürbar werden lassen.

• TASTEN DURCH JAHRESZEITEN UND ALLTAG

Jede Jahreszeit bietet Material, das in einen kleinen, ansprechenden Tastbeutel verpackt, von Kinderhand entdeckt werden will. Füllen Sie kleine Gefäße oder Beutel mit Dingen, die die Kinder mit geschlossenen Augen ertasten sollen. Dabei wollen die Kinder meist erst einmal herausbekommen, was da eigentlich im Beutel ist. Das Erkennen des Gegenstandes ist allerdings für die entspannende Sinnesschulung nicht vorrangig wichtig. Vielmehr sollten Sie die Kinder ermuntern zu beschreiben, wie sich etwas anfühlt, woran es sie erinnert und was es in ihnen hervorruft.

So kann eine Kastanie schnell als solche ertastet werden. Aber wie ist es mit den kleinen Vertiefungen auf ihrer Oberfläche? Wie fühlen sich diese an? Sind sie genau so wie die einer anderen Kastanie? Ist die Kastanie hart oder weich, warm oder kalt? Liegt sie angenehm in der Hand oder fasst sie sich nicht so gut an? Wann hat das Kind schon einmal eine Kastanie gesammelt? Wo? Wie war das Wetter? ...

Wichtig! Achten Sie darauf, dass keine Gegenstände ertastet werden sollen, die Verletzungen hervorrufen können oder die unangenehm sein könnten. Lassen Sie auch hier zu, dass sich ein Kind nicht traut. Es kann eben erst einmal schauen, was es ist. Danach kann es die Augen immer noch schließen und tasten, wenn es mag.

> **Anregungen für Tastmaterial**
> Steine, Muscheln, Blätter, Moos, Kastanien und andere Früchte und kleine Zweige. Auch Alltagsmaterialen wie eine Spielfigur, Wolle, ein Schneebesen oder eine Tasse bieten sich zum Tasten an. Tasten Sie sich durch den Alltag und finden Sie eigene Tastobjekte für Kinder. Lassen Sie die Kinder nach dem Gedankenausflug wieder im Hier und Jetzt landen.

• KOMMT EIN MÄUSCHEN

Diese Übung fördert nicht nur die taktile Wahrnehmungsfähigkeit der Kinder, sondern auch ihre sprachliche Kreativität. Sie eignet sich auch für unterwegs. Das Kind streckt seinen Arm aus und Sie lassen darauf eine „Maus" hoch laufen, indem Sie mit den Fingern so tun, als würden diese gehen. Dazu kann gesagt werden: „Kommt eine Maus und baut ein Haus." Nun ist das Kind an der Reihe, sich ein Tier auszudenken und zu erzählen, was dieses gerade tut. Dabei sollte sich der Satz mit dem Tier auf den der Tätigkeit reimen. Hier einige Beispiele: „Kommt ein Elefant und zieht sich an ein Nachtgewand." „Kommt eine Schnecke und kuschelt sich unter die Decke." „Kommt ein Frettchen und geht nun in das Bettchen." Schön wäre es, auch das Tier und sein Tun mit den kraulenden Fingern zu verdeutlichen. Der Elefant könnte also mit einer sanft stapfenden Faust Gestalt annehmen oder man streicht zart mit den Fingern wie über einen Seidenstoff, um das Nachtgewand darzustellen.

• PHANTASIEMASSAGE

Eine anregende Möglichkeit, eine *Für-mich-Zeit* zu verbringen, ist eine Massage. Diese setzt allerdings einige Dinge voraus. Eine Massage bedeutet immer, dass man in den Schutzraum des Anderen eindringt. Jeder Mensch benötigt einen Raum um sich, der „sein" oder „ihr" Raum ist. Meistens beträgt er eine Armlänge Abstand. Falls Ihnen das erst einmal ulkig vorkommt, probieren Sie doch selbst aus, wie weit jemand an Sie herantreten darf, ohne dass Sie sich unwohl fühlen. Klar macht es einen Unterschied, ob es der Chef ist oder eine ihnen nahestehende Person, dennoch sollten wir diesen Radius der Individualität bei allen Menschen ernst nehmen. Eine Massage sollte nur dann durchgeführt werden, wenn das Kind es auch möchte und seinen Schutzraum öffnet. Da Kinder nicht immer in der Lage sind, sich selbst zu schützen, haben wir als Erwachsene hier eine besondere Verantwortung. Wenn Ihr Kind eine körperliche Zuwendung nicht möchte, so sehen Sie die Absage als ein emanzipatorisches Moment an und freuen Sie sich darüber, dass Ihr Kind in der Lage ist, eigene Grenzen zu setzen. Haben Sie allerdings den Eindruck, dass hinter der Ablehnung von körperlicher Zuwendung ein schwerer Konflikt des Kindes steht, so nehmen Sie professionellen Rat in Anspruch.

Eine Massage kann ganz klassisch erfolgen. Kindern machen jedoch Phantasiemassagen meist mehr Freude. So kann auf dem Rücken des Kindes ein Kuchen gebacken werden. Erst einmal die Schüssel hinstellen, dann mit den leicht trommelnden Händen Zucker hineinfüllen, mit der Handseite Eier aufschlagen und den Teig kneten. Es können Plätzchen ausgestochen und im warmen Ofen gebacken werden (durch Reiben kann Wärme erzeugt werden). Ganz zum Schluss darf natürlich jeder ein Stückchen probieren.

Das Prinzip der Phantasiemassage kann erweitert werden auf das Kochen von Marmelade, ein Fußballspiel oder das Wetter mit Wolken,

Sonne, Wind, Blitz und Donner. Lassen Sie Ihrer Phantasie freien Lauf. Oder malen Sie einen einfachen Gegenstand auf den Rücken des Kindes und lassen Sie raten, was es sein könnte.

Eine andere Form der Phantasiemassage kann das Massieren mit unterschiedlichen Gegenständen sein. Wie fühlt sich ein Badeschwamm an, ein Igelball, ein Kuscheltier oder ein Schneebesen?

Kinder haben Spaß und Freude, das zu erleben. Vielleicht können Sie auch einmal die Rollen tauschen und Sie dürfen fühlen und raten. Kommen Sie nach der Massage wieder im Hier und Jetzt an.

• HANDMASSAGE

Die Handmassage erfordert vom Kind nicht so eine große Überwindung wie eine Rückenmassage und lässt sich oft auch in Gruppen anwenden. Trotzdem ist auch hier Sensibilität erforderlich, um festzustellen, ob ein Kind eine solche Zuwendung möchte und von wem. Es ist darauf zu achten, dass Berührungen nur leicht erfolgen. Die Finger oder die Innen- und Außenseite der Hand können gestreichelt, imaginär bemalt und mit Mustern versehen werden. Die Kinder können sagen, was sie besonders mögen. Wird Unbehagen geäußert, sollte die Berührung beendet werden.

• FUSSBAD

Ein Fußbad wirkt manchmal Wunder! Das wussten schon unsere Großmütter. Ein Fußbad fördert die Entspannung und kräftigt den Körper. Je nach Bedarf gibt es verschiedene Varianten.

Beim Fußbad wird warmes Wasser in eine Schüssel gefüllt, in der beide Füße ausreichend Platz haben, sich aber nicht verloren fühlen. Dabei ist darauf zu achten, dass das Wasser als angenehm warm empfunden wird, also nicht zu heiß ist. In das Wasser können Extrakte, z.B. aus Rose oder Kastanie, gegeben werden. Es kann aber auch pur bleiben. Beide Füße stehen nun im Wasser und die aufsteigende Wärme kann genossen werden. (Übrigens kann das Gefühl, dass Wärme aufsteigt, auch genutzt werden, um Kindern die Wirkung der Wärmeübung aus dem Autogenen Training zu verdeutlichen. Wenn es später in einer Entspannungsgeschichte heißt:

„Mein rechtes Bein wird ganz warm.",
können sich die Kinder an ein Fußbad erinnern.)

Wer Lust hat, kann einen
Igelball oder einige Glasmur-
meln in das Wasser legen, die
die Füße während des Bades
massieren.

Nach Kneipp sind Wech-
selfußbäder bekannt. Hier
werden zwei Schüsseln, eine
mit warmem und eine mit käl-
terem Wasser benötigt. Bitte ver-
wenden Sie kein eiskaltes Wasser, son-
dern lediglich um ein paar Grad kälteres Wasser. Die Füße können nun
zwischen Warm und Kalt wechseln und in jeder Schüssel einen kleinen
Moment verweilen. Dabei kann beschrieben werden, wie es sich anfühlt
und was als angenehm empfunden wird.

HÖREN

Kaum ein Supermarkt kommt heute ohne Musik oder akustische Wer-
bung aus. Autos, Maschinen, Menschen, alle machen irgendeine Art von
Geräusch, die wir im Alltag oft wegfiltern. Das müssen wir, denn wir
können unsere Ohren nicht zuklappen, wie unsere Augen, wenn es uns
mal zu viel wird. Dabei kann Hören so genussvoll sein, z.B. wenn es sich
um unsere Lieblingsmusik handelt. Bewusstes Hören fördern die nun
beschriebenen Hörideen.

• HÖRMEMORY

Das Memoryspiel dürfte allgemein bekannt sein. Immer zwei gleiche
Dinge sollen aus einer größeren Anzahl von Paaren herausgefunden
werden. In der Regel sind das gleiche Bilder. Warum aber nicht einmal
kleine Filmdosen mit gleichen kleinen Gegenständen füllen und diese

per Gehör zuordnen? Reis hört sich feiner an als Bohnen, eine einzelne Büroklammer hört sich anders an als viele Zuckerkristalle. Kann man den Unterschied zwischen Zucker und Salz hören?

Probieren Sie es mit den Kindern aus. Sie benötigen also leere, gleich aussehende, möglichst undurchsichtige Filmdosen. In zwei Filmdosen füllen Sie immer die gleichen Dinge in der (ungefähr) gleichen Anzahl ein. Gut verschließen! Dann lassen Sie die Kinder die Filmdosen schütteln und hören, in welchen die gleichen Dinge versteckt sind. Damit sie die Dosen nicht immer auf und zu machen müssen, können sie unten auf die zusammengehörigen Dosen einen Punkt in gleicher Farbe setzen. Den sieht man nicht sofort, kann später aber vergleichen, ob man richtig gehört hat.

Ideen für die Dosenfüllung
Reis, Hirse, Büroklammern, Muskatnuss, Zucker, Salz, Senfkörner, Muscheln.

• TON VERKLINGEN LASSEN

Haben Sie schon mal ausprobiert, wie lange eine Triangel wirklich zu hören ist? Es lohnt sich! Ein Ton ist oft länger zu hören, als wir gemeinhin annehmen. Schlagen Sie eine Triangel, eine Klangschale, eine zarte Glocke oder ein Glas einmal an und versuchen Sie, mit dem Kind ruhig zu sein, so lange der Ton hörbar ist. Versuchen Sie es ruhig ein zweites Mal.

• KLANGGESCHICHTE

Eine ungewöhnliche Art, eine Geschichte zu erzählen, ist die Klanggeschichte. Dabei werden die Worte ganz oder teilweise durch Klänge ersetzt. Um zu entspannen, bieten sich natürlich ruhige Geschichten mit seichten Tönen an. Vielleicht ein Schmetterling, der als Glockengeläut über die Wiese aus einer geknisterten Tüte der Triangelsonne entgegenfliegt? Überlegen Sie mit den Kindern im Alltag, was für ein Gegenstand oder Lebewesen welches Geräusch darstellen könnte, und schreiben Sie Ihre eigenen Geschichten.

• ENTSPANNUNGSMUSIK

Oft wird im Bereich der Entspannung auch Musik eingesetzt. In vielen Supermärkten finden sich CDs mit Naturklängen oder Entspannungs- und Wohlfühlmusik. Bevor Sie solche Musik einsetzen, hören Sie sich die CD bitte an. Leider sind nicht alle Klänge gleich gut geeignet, um die Entspannung zu fördern. Viele Menschen denken auch, dass klassische Musik per se als Entspannungsmusik tauglich ist. Dabei ist gerade in vielen klassischen Stücken eine hohe Dramatik enthalten. Entspannungsmusik soll anregen loszulassen, zu träumen, sich wohl zu fühlen. Kinder dürfen keine Angst bekommen. Das ist bei der Auswahl wichtig. Denken Sie bei Musik mit Wassergeplätscher daran, dass Sie bei manchem Kind den Drang, auf die Toilette zu müssen, auslösen kann.

Also lieber vorher noch einmal eine Gelegenheit dazu geben.

Ist die Musik stimmig ausgewählt, kann sie eine Entspannungsgeschichte wunderbar ergänzen oder für sich allein entspannend wirken.

• GERÄUSCHE AUFNEHMEN UND WIEDER HÖREN

An das Hören wendet sich auch die Geräuscheübung. Nehmen Sie mit einem Diktiergerät, einem Computer oder einem Kassettenrekorder Geräusche auf, die dem Kind bekannt sein könnten. Lassen Sie später das Kind raten, was das für Geräusche sein könnten. Woran hat das Kind das Geräusch erkannt? Woran erinnert sich das Kind? Welche Geräusche würde es selbst gern aufnehmen?

Auch hier kann ein Rollentausch (das Kind nimmt auf und der Erwachsene rät) viel Spaß machen.

SCHMECKEN

Geschmack und Geruch hängen oft zusammen. Vielleicht haben Sie schon einmal probiert, etwas mit zugehaltener Nase zu essen. Es schmeckt nach nichts.

Bewusstes Schmecken fördert einerseits die Genussfähigkeit und zum anderen kann es auch langfristig Auswirkungen auf die Essgewohnheiten haben. Dabei ist es gar nicht so leicht, Geschmack in Worte zu fassen.

• OBSTTELLER

Bereiten Sie einen bunten Obst- und Gemüseteller vor. Lassen Sie die Kinder mit geschlossenen oder offenen Augen probieren. Achten Sie auf mögliche Allergien! Die Kinder können Ihnen nun beschreiben, wie das jeweilige Obst schmeckt. Erinnert der Geschmack sie an etwas? Nach welcher Jahreszeit schmeckt es?

• SÜSS UND SALZIG

Stellen Sie jeweils eine kleine Schüssel mit Zucker und mit Salz bereit. Lassen Sie die Kinder von beiden abwechselnd kosten und sie beschreiben, wie das schmeckt. Vielleicht kann auch ein wenig unterschieden werden, wo auf der Zunge das Süße und wo das Salzige wahrgenommen wird.

Danach reichen Sie einen „salzigen Hering" (eine Art Gummibärchen mit Salzüberzug). Hier sind süß und salzig verbunden. Lassen Sie die Kinder nun wieder beschreiben, wie das schmeckt. Ist das toll oder schmeckt das eklig?

RIECHEN

Das Riechen spielt in unserem Leben eine bedeutendere Rolle, als wir ihm allgemein zumessen. Ein bestimmter Duft ruft schnell Stimmungen oder Erinnerungen hervor. Vielleicht kennen Sie die frisch gewaschenen Handtücher, die nach „Großmutter" riechen? Diesen Sinn ein wenig mehr ins Blickfeld zu rücken, ist Anliegen der nachfolgenden Ideen.

• ICH SCHNUPPERE ETWAS, WAS DU NICHT SIEHST

Kennen Sie das Spiel „Ich sehe etwas, was du nicht siehst?" Warum soll es auf das Sehen beschränkt bleiben? Versuchen Sie einmal „Ich schnuppere etwas, was du nicht siehst" zu spielen. Ja, Sie haben richtig gelesen. Vielleicht bei einem Gang durch die Stadt? Hier kann viel gerochen werden. Zum Beispiel kann etwas geschnuppert werden, was an das morgendliche Frühstück erinnert: ein warmer Duft, ein wenig süß und nach Hefe riechend. Das Kind kann erraten, was es ist. Im genannten Beispiel: Brot, Brötchen oder Kuchen beim Vorbeigehen am Bäckerladen.

Wie riecht es vor dem Friseur, am Zeitungsladen, im Schuhgeschäft? Ruhen Sie Ihre Nasen immer wieder zwischendurch aus und achten Sie darauf, keine gefährlichen Düfte auszuprobieren. Die Kleberdose im Schreibwarengeschäft sollte besser geschlossen bleiben.

Auch in dieser Übung geht es um das Umschreiben eines Duftes. Das ist allemal schwer, weil wir dafür gar nicht genug Worte zur Verfügung haben. Versuchen Sie mit den Kindern, Düfte mit Farben, Jahreszeiten, Stimmungen und Erinnerungen in Zusammenhang zu bringen. Probieren Sie das Spiel auch mit anderen Sinnen aus.

Kommen Sie auch nach dieser Übung wieder ganz im Hier und Jetzt an.

• SCHNUPPERKREATION AUS ALLTAGSDÜFTEN

Bei dieser Übung ist ebenfalls das Riechen gefragt. Aus Dingen, die wir im Alltag finden können, können herrliche Schnupperproben hergestellt werden. Lassen Sie für eine solche Übung ein Kind nicht allein, denn manchmal finden Kinder, sind sie erst einmal auf Entdeckungstour, Dinge im Haushalt, die ihnen schaden können. Begleiten Sie daher Ihr Kind bei seiner Suche nach „schnuppertauglichen" Materialien. Ein paar Rosenblätter aus dem Garten, einige Spritzer Zitronensaft, einige Tropfen Keimöl und ein wenig Zimtpulver – was für ein aparter Duft, der bei Gefallen sogar als Parfüm genutzt werden kann.

GLEICHGEWICHT/RAUMLAGE

Der Gleichgewichtssinn wird selten angesprochen, wenn es um Entspannung geht. Dabei ist dieser Sinn, der uns Auskunft über unsere Raumlage gibt, ein Sinn, der schon recht früh mit angenehmen, entspannten Momenten assoziiert wird. Immerhin trug uns unsere Mutter in ihrem Bauch und schaukelte uns bei jeder Bewegung hin und her. Ganz unbewusst bewegen viele Eltern ihr Kind sanft schaukelnd, wenn sie es trösten.

• SCHAUKELN

Viele Kinder mögen die zarte Bewegung einer Hängematte, einer Schaukel, eines Ballkissens oder das Hin- und Herschaukeln im Arm einer vertrauten Person. Manchen wird allerdings auch schnell übel. Lassen Sie die Kinder sanfte Schaukelbewegungen ausführen, vielleicht begleitet durch eine geeignete Musik, die den Takt vorgibt. Probieren Sie das vorher unbedingt aus, um sicherzugehen, dass es nicht zu schnell wird. Im Anschluss bietet sich das Malen eines Bildes an, dass die Gedanken und Empfindungen beim Schaukeln festhält.

Eine andere Möglichkeit, sich in Bewegung zu versetzen, bieten „Wackelkissen" oder Gymnastikbälle. Hier kann geschaukelt oder auch einmal gehüpft werden.

• WACKELKISSEN

Seit einiger Zeit gibt es Wackelkissen, die aussehen wie ein zusammenge-
presster Gymnastikball. Diese eignen sich ganz wunderbar, den Gleichgewichtssinn anzusprechen. Man kann diese Kissen auf den Boden legen
und versuchen im Schneidersitz darauf zu sitzen. Man kann auch probieren darauf zu stehen. Ja, das ist gar nicht so einfach und erfordert eine
Menge Konzentration. Danach können die Kinder ermuntert werden zu
spüren, wie es ist, wieder „festen" Boden unter den Füßen zu haben.

KURZE IMAGINATIONSÜBUNG

Neben den Sinnesübungen können auch kurze Imaginationsübungen
eine *Für-mich-Zeit-für-zwischendurch* sein. Da die später bei den Entspannungseinheiten dargestellten Geschichten Imaginationsübungen
sind, soll an dieser Stelle nur eine Idee beschrieben werden, die vor allem
in der Schule angewandt werden kann.

• ENTSPANNUNGSMANTEL

Eine kleine Übung, die sich besonders für Situationen eignet, in denen
Kinder hohem Druck ausgesetzt sind, z.B. vor einer Klassenarbeit oder
einem Arztbesuch, ist der Entspannungsmantel.

Ermuntern Sie die Kinder in einer möglichst entspannten Atmosphäre
dazu, sich ihren eigenen Entspannungsmantel zu nähen. Lassen Sie sie
in Gedanken einen Stoff, Farben, Knöpfe, Schnallen, Verschlüsse, Form
und Größe aussuchen. Lassen Sie ihnen dazu Zeit. Legen Sie Wert darauf,
dass der Mantel dem einzelnen Kind gefällt. Lassen Sie die Kinder den
Mantel in Gedanken überstreifen, vielleicht auch seine Kapuze aufsetzen.
Fragen Sie die Kinder, wie sich der Mantel anfühlt. Sagen Sie ihnen,
dass sie sich wohl und entspannt darin fühlen können, dass der Mantel
sie wärmt und schützt. Lassen Sie auch hier ein wenig Zeit, damit die
Kinder sich einfühlen können. Dann ziehen die Kinder den Mantel in
Ruhe wieder aus. Sagen Sie, dass sie nun wieder ankommen im Hier und
Jetzt. Der Mantel kann z.B. in der Schulmappe, unter der Bank oder im
Bücherfach einen Platz bekommen und vor einer Klassenarbeit heraus-
geholt und angezogen werden.

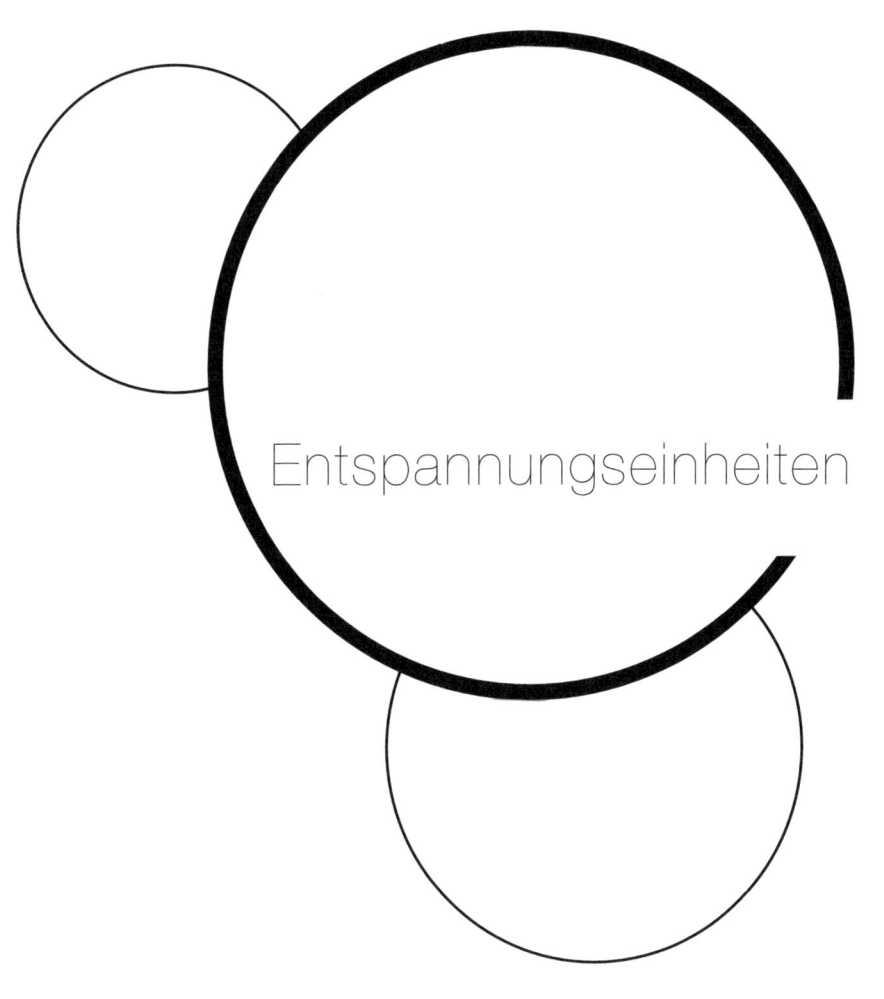

Entspannungseinheiten

Entspannungseinheiten:
Ideen für längere Für-mich-Zeiten:

Ein wenig aufwändiger in der Vorbereitung als die *Für-mich-Zeiten-für-zwischendurch* sind Entspannungsmöglichkeiten, die länger und durch Geschichten geleitet sind. Solche Entspannungseinheiten können sicher nicht täglich angewendet werden. Dennoch ist eine solche Entspannungsform einmal pro Woche oder auch alle vierzehn Tage eine lohnende Investition in die Gesundheit von Kindern.

Das Kernstück bilden dabei die Entspannungsgeschichten, die immer einem vorgegebenen Muster folgen. Zuerst erfolgt eine Einstimmung, eine Hinwendung zum Thema der Geschichte, dann entwickelt sich das Geschehen und am Ende stehen Rückholung und Ankommen im Hier und Jetzt. Jede Entspannungsgeschichte, die Sie vortragen, sollte diese Elemente enthalten. Achten Sie bei der Auswahl oder beim Selbst-Erfinden darauf. Ein weiterer wichtiger Punkt ist die Sicherheit in der Geschichte. Sie tragen Verantwortung dafür, dass die Kinder sich nicht ängstigen. Das heißt: Themen, die den Kindern Angst machen könnten, sind tabu. Seien Sie sensibel. Auch eine Unterwassergeschichte kann Angst machen. Wenn Sie das wissen oder merken, erfinden Sie Dinge, die den Ausflug auf dem Meeresgrund sicher machen, z. B. eine Sauerstoff-Flasche oder einen starken Begleiter. Sagen Sie einfach, dass das Kind sicher und geborgen ist. Es ist unerlässlich, spätestens nach der Geschichte mit dem Kind zu sprechen, wie es ihm ging, was es erlebt, was es gefühlt hat.

Eine Entspannungseinheit planen und vorbereiten

Sich eine Entspannungseinheit auszudenken, macht viel Spaß und Freude. Hierbei können Sie ganz kreativ werden. Haben Sie ein geeignetes Thema für eine Entspannungseinheit gefunden, sollten Sie über den Aufbau nachdenken. Ich schlage Ihnen folgende Abfolge vor:

1. ANKOMMEN
2. EINSTIMMEN
3. SPANNUNG ABBAUEN
4. ÜBERGANG
5. GESCHICHTE
6. RÜCKMELDUNG
7. KREATIVE VERARBEITUNG

Sie werden beim Lesen der Entspannungseinheiten feststellen, dass der „Übergang" nicht immer explizit gegeben ist. Manchmal ist er auch im Spannungsabbau enthalten.

Bevor ich auf die einzelnen Punkte eingehe, noch ein Wort zur Länge einer solchen Einheit. Für Vorschul- und Schulkinder sind 30 Minuten insgesamt durchaus ausreichend. Kindergartenkinder ab ca. drei Jahren können erfahrungsgemäß nicht so lange „durchhalten". Planen Sie deren Einheiten entsprechend kürzer, ca. 15 Minuten. Schauen Sie immer individuell, wie viel ein Kind „verträgt". Entspannungseinheiten können Sie mit einem Kind oder mit mehreren Kindern durchführen. Die optimale Gruppengröße liegt dabei bei zehn Kindern. Dennoch ist Entspannung auch mit größeren Gruppen möglich, z.B. einer Schulklasse.

1. ANKOMMEN

Sowohl die Kinder als auch Sie müssen erst einmal in der Entspannungssituation ankommen. Über die allgemeinen Bedingungen für Entspannung haben Sie schon weiter vorn etwas gelesen. Kommen Sie kurz mit den Kindern ins Gespräch, was sie bereits am Tag erlebt haben, wie es ihnen heute so geht.

2. EINSTIMMEN

In Abhängigkeit vom gewählten Thema können Sie sich nun gemeinsam einstimmen. Sagen Sie, wohin Sie mit den Kindern in Gedanken reisen wollen. Vielleicht geht es an den Strand, in ein fernes Land oder auf eine Wiese. Fragen Sie sie, was ihnen dazu einfällt.

In dieser Phase können Sie auch die Sinne der Kinder ansprechen und somit die Aufmerksamkeit lenken. Sinnesübungen und deren Anwendung sind weiter oben beschrieben. Finden Sie solche, die zum Thema passen. Sprechen Sie nacheinander ruhig unterschiedliche Sinne an.

Für die Vorbereitung am Strand können Kinder z. B. den Sand fühlen und in ihm vielleicht eine kleine Muschel finden, sie können sich ein wenig Sonnenmilch auf den Handrücken reiben und den Strand schnuppern oder das Wellenrauschen durch Laute imitieren.

3. SPANNUNG ABBAUEN

Lassen Sie hier die Kinder überschüssige Spannung abbauen, indem Sie eine zum Thema passende Übung finden, die Spannung reduzieren kann. Lassen Sie sich ein wenig Zeit dafür. Im ersten Augenblick scheint das mit unserem ruhigen Bild von Entspannung nicht gleich zu korrespondieren. Spannung herauszulassen ist jedoch eine wichtige Voraussetzung für die spätere Entspannung.

4. ENTSPANNUNGSGESCHICHTE

Nach den verschiedenen Vorbereitungen sind die Kinder nun langsam in der Entspannungssituation angekommen. Sie können sich jetzt bequem hinlegen oder in einen Sessel kuscheln und der Entspannungsgeschichte lauschen. Das Liegen hat den Vorteil, dass allein schon diese Körperhaltung muskelentspannend wirkt. Das Kind sollte mit dem Rücken auf der Unterlage liegen, die Beine ausstrecken und die Arme neben den Körper legen. Seien Sie allerdings flexibel. Bieten Sie dem Kind diese Lage immer einmal wieder an. Es bleibt jedoch wichtiger, dass sich das Kind in seiner Körperhaltung wohl fühlt.

Es gibt inzwischen eine Fülle von Entspannungsgeschichten. Auch im weiteren Text werden Sie noch einige finden. Neben den oben schon erwähnten Kriterien und der „Sicherheit" in den Geschichten achten Sie auch auf eine kindgerechte Sprache. Scheuen Sie sich nicht, Worte zu ersetzen, wenn Sie Ihrem oder dem Sprachgebrauch der Kinder besser entsprechen. Lesen Sie sich also eine Geschichte unbedingt vorher durch. Möglichst auch laut. Hier können Sie schon einmal üben, welches Tempo angemessen ist. Natürlich sollten Sie ruhig und entspannungsfördernd lesen. Manchmal kann das mit Lautmalerei passieren, z.B. indem das Wort „langsam" auch wirklich laaaaaangsam gesprochen wird oder sie fast gähnend müüüüüde sprechen.

Mit ein wenig Übung entwickelt man schnell ein Gespür dafür. Machen Sie sich ruhig Zeichen an Stellen, an denen Sie eine kleine Pause machen wollen, sonst vergessen Sie sie später vielleicht. Gut gewählte Musik kann den Rhythmus der Sprache lenken und unterstützen. Setzen Sie sich aber nicht unter Druck. Es ist wichtiger, dass Sie selbst möglichst entspannt bleiben, als dass Sie „perfekt" vorlesen.

Am Ende der Geschichte führen Sie die Kinder gedanklich zurück ins Hier und Jetzt. Das ist unbedingt notwendig, um eine Unterscheidung zwischen Traumreise und Wirklichkeit zu schaffen und ein echtes Ankommen im Alltag zu gewährleisten. Außerdem aktiviert es nach der Entspannung wieder.

5. RÜCKMELDUNG

Ein Austausch darüber, was die Kinder erlebt, wie sie sich gefühlt haben, was ihnen gefallen hat und was nicht, ist unerlässlich. Sie bekommen Einblick in die innere Welt der Kinder, ein Geschenk, welches Sie auch als solches behandeln sollten. Hier gibt es kein Richtig oder kein Falsch, jeder erlebt etwas auf seine ganz eigene Weise. Vielleicht war ein Kind gar nicht am angebotenen Strand, sondern im Garten von Oma oder der vorgelesene Vogel war ein Pferd. Das darf alles sein. Die Rückmeldung bietet Ihnen auch die Möglichkeit, an der Entspannungseinheit zu feilen. Sie können überlegen, was Sie bei der nächsten Entspannung beibehalten und was Sie verändern wollen.

Damit nicht alle Kinder durcheinander reden, geben Sie einen Rede-gegenstand herum, zum Beispiel einen Redestein. Nur wer den Redestein in der Hand hält, ist an der Reihe zu sprechen, alle anderen hören zu. Der Anleitende kann natürlich nachfragen.

Beenden Sie dann die Entspannungseinheit, indem Sie sich wertschät-zend und lobend über die Kinder äußern.

Wenn Sie ein wenig Routine haben, können Sie spüren, dass auch Sie sich in der Entspannung entspannen können. Sie erleben eine ganz neue Erfahrung des Zusammenseins mit Kindern, ein oftmals beglückendes Gefühl.

Stellt sich dieses Gefühl nicht gleich ein, so braucht es noch ein wenig Zeit. Seien Sie auch sensibel dafür, dass nicht jede Art der Entspannung für jeden Menschen gleichermaßen geeignet ist. Probieren Sie verschie-dene Formen aus.

6. KREATIVE VERARBEITUNG

Manchmal haben Kinder Lust und Zeit, das Erlebte kreativ zu verar-beiten, z.B. in einem Bild, einem Mandala, einer Collage oder im Spiel. Lassen und geben Sie ihnen Zeit, wenn es möglich ist.

Einzelne Entspannungseinheiten

Im folgenden Text finden Sie ausgearbeitete Entspannungseinheiten. Sie sind als umsetzbare Vorlagen für Zuhause, Kindergarten und Schule gedacht. Sie finden Formulierungsideen und *Regie-Anweisungen*. Alle Formulierungen sind Vorschläge. Passen Sie sie ruhig Ihrem Sprach-gebrauch an. Die Anrede erfolgt an mehrere Kinder, kann aber ebenso an einzelne gerichtet werden. Am Ende jeder Einheit finden Sie eine Liste mit den wichtigsten Materialien.

Viel Spaß beim Ausprobieren!

Das Wetter
Für Kindergartenkinder

---

1. EINSTIMMUNG

Heute wollen wir eine Reise durch das Wetter machen. Natürlich wie immer in Gedanken.

Breiten Sie ein sonnenfarbenes oder ein regenbogenfarbenes Tuch in der Mitte aus. Sie können auch eines wählen, das zum aktuellen Wetter passt.

Was ist denn heute für Wetter?

Legen Sie Gegenstände, die zum Wetter passen, auf das Tuch, z.B. Gummistiefel, Sonnenbrille, Regenmütze etc.

Schaut mal, hier habe ich verschiedene Sachen mit. Hinter jeder versteckt sich eine Art Wetter. Könnt ihr erraten welche?

Halten Sie eine kleine Gießkanne mit Wasser und eine Schüssel bereit. Das kann der Regen sein. Auch ein Regenrohr eignet sich hier gut, besonders, wenn Sie nasse Sachen vermeiden wollen. Wattebällchen symbolisieren wolkiges Wetter. Alufolie, die in der Hand knistert, kann Blitze verkörpern und ein Backblech, auf das mit einer Hand geschlagen wird, Donner. Eine Taschenlampe kann die Sonne sein. Sicher fallen Ihnen noch andere Dinge ein.

2. SPANNUNG ABBAUEN

Lasst uns mal aufstehen und versuchen, das heutige Wetter mit unserem Körper auszudrücken.

Heute scheint die Sonne. Lasst uns strahlen wie die Sonne!

Machen Sie eine kreisrunde, strahlende und offene Bewegung mit Ihren Armen, wiederholen Sie diese. Probieren Sie mit den Kindern auch andere Wetterlagen aus, ruhig auch den lauten Donner und den zuckenden Blitz. Enden Sie immer mit der strahlenden Sonne, denn das macht gute Laune.

WETTERGESCHICHTE

Nach einer Idee von Kristine Jahnke

Du liegst auf deiner weichen Unterlage auf dem Boden.
Dein Kopf liegt ganz entspannt auf.
Deine Arme liegen bequem neben deinem Körper.
Dein Rücken nähert sich dem Boden.
Deine Beine sind ausgestreckt.
Die Füße sind locker und gelöst.
Atme jetzt tief ein und wieder aus.
Wenn du möchtest, schließe deine Augen.
In dir sind Ruhe und Zufriedenheit.

Nun kannst du die Traumreise beginnen:

Stell dir vor, du liegst auf einer grünen Wiese und betrachtest die Wolken. Sie ziehen langsam am Himmel entlang.
Du fühlst dich wohl und spürst, wie deine Arme und Beine so beim Liegen ganz schwer werden. Deine Arme und Beine sind ganz schwer.
Eine Wolke am Himmel sieht aus, wie ein wuscheliges Schaf, eine wie eine Kuh und wieder eine wie ein kleines Pony.
Hinter den Wolken blinkt immer wieder die Sonne hervor und du musst die Augen schließen, damit sie

dich nicht blendet. Du spürst ihre Wärme angenehm auf deinem Körper und merkst, wie auch deine Arme und Beine ganz warm werden. Deine Arme und Beine sind ganz warm.

Genieße die Wärme ein wenig.

Langsam zieht eine Wolke heran und beginnt, einige Tropfen Regen auf die Erde zu schicken. Es sind nur ganz wenige, zarte Tropfen. Einer fällt auf deine Nase und du spürst das frische Wasser. Es kitzelt dich ein wenig.

Und weil Sonne und Regen zugleich da sind, entsteht ein bunter Regenbogen. Er schillert in den schönsten Farben, die du dir nur vorstellen kannst.

Sieh ihn dir eine Weile an, bis du meine Stimme wieder hörst.

Hier ca. 10–20 Sekunden warten.

Und du kommst zurück und du spürst wieder die Unterlage, den Teppich, auf dem du jetzt liegst.

Du fühlst deine Arme und Beine.

Du beginnst, deine Hände leicht zu bewegen.

Kreise nun sanft deine Füße.

Öffne deine Augen und komme wieder im Hier und Jetzt an.

Die Geschichte kann von leiser Musik begleitet werden.

Alternative

Als Alternative zur Geschichte kann hier auch die „Wettermassage" angewandt werden. Dazu malen sich die Kinder gegenseitig das Wetter auf den Rücken. In einer Gruppe ist allerdings darauf zu achten, dass die Kinder einander auch mögen, die sich gegenseitig massieren. Geben Sie als Erwachsener die Wetterlagen vor und sagen Sie auch, wie die Kinder sie auf dem Rücken des anderen umsetzen können. Achten Sie darauf, dass sich keiner weh tut und dass die Massagepartner wechseln, so dass jedes Kind einmal massiert und einmal selbst massiert wird.

4. RÜCKMELDUNG

In Abhängigkeit davon, ob Sie eine Entspannungsgeschichte oder die „Wettermassage" angewandt haben, leiten Sie die Rückmeldung ein.

Entspannungsgeschichte:

Wenn ihr nun wieder gut hier angekommen seid, so könnt ihr mir ein wenig berichten, wie es euch auf der Reise ergangen ist. Was war schön für euch? Was nicht so?

Gehen Sie auf die als angenehm und unangenehm empfundenen Dinge wertschätzend ein und versuchen Sie, Ängste oder ungute Gefühle verstehend abzumildern. Geben Sie eine „Redewolke" in die Hand, wenn es mehrere Kinder sind.

Wettermassage:

Nun habt ihr das Wetter auf euren Rücken gespürt und Wetter auf dem Rücken eines anderen gemacht. Wie ging es euch dabei? Was war angenehm? Was war nicht so angenehm?

Gehen Sie auch hier wieder auf die als angenehm und unangenehm empfundenen Dinge wertschätzend ein und versuchen Sie, Ängste oder ungute Gefühle verstehend abzumildern. Geben Sie eine „Redewolke" in die Hand.

An dieser Stelle möchte ich nicht zu viel vorgeben. Vom Kleben eines Watte-Wolken-Bildes bis hin zum gemalten Sandstrand oder Regenbogen ist manches möglich. Lassen Sie sich vom Wetter inspirieren. Gerade Regentage laden zum Kreativsein ein.

Was brauche ich?
Ein „wetterfarbenes" Tuch für die Mitte,
Gegenstände, die zum Wetter passen, z.B. Gummistiefel, Sonnenbrille, warme Socken, außerdem Gegenstände, die Wetter symbolisieren wie Wattebausch, Regenrohr, kleine Gießkanne mit Wasser, Alufolie, Backblech, Taschenlampe...
Erzählwolke, eventuell ruhige Musik.
Je nach Kreativangebot: Stifte, Papier, Watte, Klebstoff...

Eine Reise nach Afrika
Für Vorschul- und Schulkinder

---

1. EINSTIMMUNG

Heute wollen wir eine Reise nach Afrika machen. Natürlich wie immer in Gedanken.

Breiten Sie einen bunten kleinen Teppich in der Mitte aus.

2. ÜBERGANG

Könnt ihr euch denn vorstellen, welche Tiere da in Afrika leben?

Lassen Sie die Kinder einige Tiere aufzählen und halten Sie in einem Koffer o.ä. kleine Afrikatiere bereit, die Sie dann nach und nach „hervorzaubern". Achten Sie darauf, dass die Tiere, die in der Geschichte vorkommen, möglichst dabei sind. Der Flamingo sollte allerdings unbedingt vorhanden sein.

3. SPANNUNG ABBAUEN

Und nun haben wir ja eine ganze Menge Tiere gefunden, die auf dem afrikanischen Kontinent leben. Lasst uns doch einmal einen Spaziergang durch Afrika machen. Mal sehen, welche Tiere wir da sehen.

Gehen Sie los.

Oh, dort drüben, da sitzt doch ein Affe auf dem Baum. Lasst uns mal springen wie ein Affe! Vorsicht! Dort schlängelt sich eine Schlange.

Ahmen Sie gemeinsam eine Schlange nach.

Und dort...

Finden Sie eigene Tiere, die Ihnen begegnen können. Achten Sie wie immer darauf, dass sie keine Angst auslösen.

REISE NACH AFRIKA

Nach einer Idee von Chris Feichtinger

Du liegst auf einer weichen Unterlage auf dem Boden.

Dein Kopf liegt ganz entspannt auf.

Deine Arme liegen bequem neben deinem Körper.

Dein Rücken nähert sich dem Boden.

Deine Beine sind ausgestreckt.

Die Füße sind locker und gelöst.

Atme jetzt tief ein und wieder aus.

Wenn du möchtest, schließe deine Augen.

In dir sind Ruhe und Zufriedenheit.

Nun kannst du die Traumreise beginnen:

Stell dir vor, du befindest dich auf einer wunderschönen grünen Sommerwiese. Das Gras schmiegt sich sanft an deine nackten Füße. Du siehst den Wolken am Himmel zu. Sie ziehen langsam vorbei. Dann entdeckst du einen Punkt am Himmel, einen Vogel, der langsam näher kommt. Er hat ein rosafarbenes Gefieder, lange Beine und einen langen Hals, auf dem sein Kopf sitzt. Er landet neben dir, und du kannst ihn genau betrachten. Zu deinem Erstaunen kann der Vogel reden. „Ich bin Inyoni, der Flamingo", stellt er sich vor. „Mein Name bedeutet so viel wie ‚der Vogel' und ist Zulu, eine Sprache Afrikas. Wenn du Lust hast, zeige ich dir meine Heimat." Natürlich möchtest du und so kletterst du auf Inyonis Rücken und kuschelst dich in seine warmen und weichen Federn.

Du fühlst dich sicher und geborgen und ganz sanft fliegt Inyoni los. Irgendwann, ihr seid schon eine Weile geflogen, entdeckst du unter dir eine große, gelbe Fläche. Inyoni erzählt dir, dass das die Wüste ist. Tausende und abertausende Sandkörner liegen dort. Inyoni fliegt ein wenig tiefer und du erkennst schon kleine Sträucher. „Sieh nur dort", sagt Inyoni und zeigt auf eine Herde Zebras, die unter euch durch die Savanne laufen. Sie begleiten euch ein Stück, bis sie abbiegen und euch zum Abschied mit den Ohren zuwackeln. Unter euch wachsen nun Bäume, die aussehen wie aufgespannte Regenschirme, und Inyoni landet sanft. Du kletterst von seinem Rücken, und die Erde unter deinen Füßen ist rot und warm. Du siehst einige kleine Hütten und hörst die Stimmen aus dem Dorf. Inyoni führt dich zu einem Wasserloch. Hier sind viele Tiere versammelt. Du erkennst Giraffen und Antilopen und weiter hinten auch ein paar Elefanten. Sie saugen das Wasser mit ihrem Rüssel auf und prusten es dann in hohem Bogen heraus. Wie kleine Regenbogen schimmern die vielen Wassertröpfchen in der Sonne. Du genießt den Anblick und siehst dir alle Tiere noch einmal genau an.

Nun wird es Zeit zu gehen und Inyoni nimmt dich wieder auf seinen Rücken. Du winkst den Tieren zu und

ihr fliegt langsam zurück nach Hause. Und schon von weitem siehst du ...

Fügen Sie hier ein Bauwerk aus der Umgebung ein.

und die ... Straße,

Fügen Sie den Straßennamen ein.

du siehst das Haus, in dem wir jetzt sind, und du kommst zurück.

Du spürst wieder die Unterlage, auf der du liegst.

Du fühlst deine Arme und Beine.

Du beginnst deine Hände leicht zu bewegen.

Kreise nun sanft deine Füße.

Öffne deine Augen und komm im Hier und Jetzt an.

Die Geschichte kann von leiser Musik begleitet werden.

Wenn ihr nun wieder gut hier angekommen seid, so könnt ihr mir vielleicht ein wenig berichten, wie es euch auf der Reise ergangen ist. Was war schön für euch? Was nicht so?

Gehen Sie auf die als angenehm und unangenehm empfundenen Dinge wertschätzend ein und versuchen Sie, Ängste oder ungute Gefühle verstehend abzumildern. Geben Sie einen kleinen „Redeaffen" o.ä in die Hand, wenn es mehrere Kinder sind.

6. KREATIVE VERARBEITUNG

Hier haben die Kinder oft ganz viele eigene Ideen: Von der Filmdosenrassel, der Kette aus Glasperlen bis zum Elefantenkostüm. Wenn Sie etwas vorbereiten wollen, lassen sie sich einfach anstecken von der Kreativität der afrikanischen Künstler, die aus dem Inhalt von „Grüner-Punkt-Säcken" wunderbare Kunstwerke herstellen.

Was brauche ich?
Ein buntes Tuch, z.B. mit afrikanischem Muster
Verschiedene kleine Afrikatiere
Spielzeugflamingo oder Flamingobild
Je nach Bedarf: eine Menge Jogurtbecher, PET-Flaschen, Plastikdeckel, Saftkartons...
Eventuell ruhige Musik

Tierrätsel
Für Kindergarten-, Vorschul- und Schulkinder

1. EINSTIMMUNG

Heute möchte ich mit euch ein kleines Rätsel lösen. Ich kann euch schon verraten, dass es um ein Tier gehen wird. Vielleicht könnt ihr mir erzählen, welches eure Lieblingstiere sind und was ihr so besonders gut an denen findet.

Zur Einstimmung können Sie Bilder von Tieren zeigen oder kleine Tiere hinstellen. Da es später auch um weiches und kuscheliges Fell geht, können Sie gern weiche Kuscheltiere herumgeben.

2. SPANNUNG ABBAUEN – GANG ÜBER DEN BAUERNHOF

Stellt euch nun vor, wir sind auf einem Bauernhof. Dort können wir ganz vielen Tieren begegnen. Kommt, wir gehen mal über den Hof. Wen treffen wir da?

Gehen Sie los und begleiten Sie die Worte pantomimisch.

Hier hinter dem Gatter sehe ich ein Pferd. Es wiehert fröhlich. Lasst uns auch einmal wiehern wie ein Pferd. Dort hinten entdecke ich Hühner, die picken Körner auf. Lasst es uns auch so machen und Körner aufpicken. Schaut da, dort melkt der Bauer die Kuh. Das sollten wir auch mal ausprobieren. Und hier auf dem Boden hat jemand ein Hüpfspiel aufgemalt. Lasst uns jetzt bis zu unseren Plätzen hüpfen.

Puh, ganz schön anstrengend. Nun macht es euch bequem auf eurer Unterlage und ich erzähle euch das Rätsel. Wenn ihr wisst, welches Tier gemeint ist, behaltet es noch für euch. Ich gehe nach dem Rätsel herum und jeder kann mir ins Ohr flüstern, welches Tier er geraten hat.

PHANTASIERÄTSEL

Nach einer Idee von Michael Heubner

Du liegst auf einer weichen Unterlage auf dem Boden.
Dein Kopf liegt ganz entspannt auf.
Deine Arme liegen bequem neben deinem Körper.
Dein Rücken nähert sich dem Boden.
Deine Beine sind ausgestreckt.
Die Füße sind locker und gelöst.
Atme jetzt tief ein und wieder aus.
Wenn du möchtest, schließe deine Augen.
In dir sind Ruhe und Zufriedenheit.

Nun kann das Rätsel beginnen:

Ich bin ein Tier, das sehr gern bei Menschen ist. Am liebsten liege ich auf dem Schoß eines Kindes und lasse mich streicheln. Dann fühle ich mich wohl und merke, dass mein Körper ganz schwer wird. Mein ganzer Körper ist schwer. Außerdem ist es kuschelig und warm auf dem Schoß und so wird mein ganzer Körper auch angenehm warm. Mein ganzer Körper ist angenehm warm. Wenn ich so da liege, spüre ich, wie eine kleine Hand mir sanft und behutsam über den Kopf streichelt. Das finde ich angenehm und ich fühle mich geborgen. Ich beginne zu schnurren. Das Schnurren kommt aus meinem Bauch und ich kann es ganz genau spüren. Dort im Bauch wird es mir auch ganz angenehm warm, vom Schnurren und von der Sonne, die auf mein weiches Fell fällt. Mein Bauch fühlt sich gut an, ist warm und entspannt. Ich liege da und beginne ein wenig zu träumen...

Längere Pause

Durch das Fenster höre ich ein leises Lied. Es riecht nach Frühlingsblumen. Ich bekomme Lust, auf der Wiese zu tollen. Und so stelle ich mich auf meine Vorderpfoten und du, liebes Kind auf der Matte, kannst das jetzt auch mitmachen, und ich recke mich vor und zurück. Dann räkle ich mich und mache einen kleinen Buckel. Ich gähne einmal tief ein und aus.
Und wir räkeln uns noch einmal ganz doll und kommen wieder an im Hier und Jetzt.

Welches Tier uns hier seine Geschichte erzählt hat, kannst du mir jetzt ins Ohr flüstern.

Die Geschichte kann von leiser Musik begleitet werden.

4. RÜCKMELDUNG

Falls alle Kinder eine Katze erraten haben:

Ihr habt alle eine Katze erraten. Wie sah die denn bei jedem von euch aus? Es ist nämlich so, dass das ganz verschiedene Katzen sein können. Jeder hat seine eigene Katze, in seinen eigenen Gedanken, seiner Phantasie.

Sie können dann auch eine möglichst weiche und kuschelige Erzählkatze herumgeben.

Falls es unterschiedliche erratene Tiere gegeben hat, lassen Sie diese einfach so stehen, nur Sie haben sie ja gehört.

Ihr habt einige Tiere in dem Rätsel erkannt, ganz verschiedene. Das kann schon sein. Jeder hat seine eigene Vorstellung.

Achten Sie darauf, dass keine Abwertungen zwischen den Kindern stattfinden, wenn Kinder ein anderes Tier erraten haben. Phantasie ist eben unterschiedlich.

5. KREATIVE VERARBEITUNG

Hier bietet sich ein Mandala mit Bauernhoftieren an, das die Kinder ausmalen können.

Was brauche ich?
Tierbilder oder kleine Tiere, möglichst auch mit kuscheligem Fell
Mandalas mit Bauernhoftieren
Kuschelige Erzählkatze
Möglich ist auch eine ruhige Entspannungsmusik

Feld im Sommer
Für Kindergarten-, Vorschul- und Schulkinder

---

1. EINSTIMMUNG

Bei dieser Einheit ist es wichtig zu wissen, ob es Kinder mit Allergien gibt. Danach richten sich die mitgebrachten Materialien und auch die Entspannungsbilder in der Geschichte. Achten Sie also unbedingt darauf, ob Unverträglichkeiten, z.B. auf Korbblütler o.ä. vorliegen. Falls Sie sich nicht sicher sind, wählen Sie lieber eine andere Entspannungseinheit.

Der Ausflug, den wir heute miteinander machen wollen, führt uns auf ein wunderschönes Sommerfeld. In unserer Mitte seht ihr einen Strauß bunter Feldblumen. Gibt es jemanden, der eine der Blumen oder ein Gewächs erkennt?

Stellen Sie einen Feldblumenstrauß mit verschiedenen Ähren, Raps, Kornblumen, Mohn, Kamille in die Mitte.

Hat jemand von euch schon einmal so ein Sommerfeld gesehen? Wo? Wann? Seid ihr schon einmal durch so ein Feld gegangen? Wie war das?

In Vorbereitung auf den diesmal lang gehaltenen Spannungsabbau wäre es sinnvoll, bei der Einstimmung auch auf die Gerätschaften aus der Landwirtschaft einzugehen, die weiter unten beschrieben werden. Bilder sind sicher hilfreich für die Kinder.

2. SPANNUNG ABBAUEN

Begleiten Sie die Worte pantomimisch und regen Sie die Kinder an mitzumachen.

Auf vielen Feldern wächst Korn. Was kann man denn daraus machen? Genau, Mehl. Und aus dem Mehl zum Beispiel Brot. Lasst uns einmal kleine Bauern und Müller sein. Zuerst sind wir die Bauern, die ein

Feld hinter dem Haus haben und noch arbeiten wie vor vielen, vielen Jahren. Wir ziehen unsere großen Gummistiefel an. Dann stapfen wir auf das Feld, um zu sehen, ob das Korn schon reif ist. Wir pflücken einen Halm und nehmen ganz oben aus der Ähre die Körner heraus. Wir reiben sie zwischen unserem Daumen und den Fingern. Ja, sie sind schon reif. Also holen wir unsere Sense. Nun mähen wir das Korn. Dazu brauchen wir Schwung und müssen vorsichtig sein, damit wir uns nicht verletzen. Puh, das war anstrengend. Nun muss das Korn trocknen. Dazu binden wir die Halme zu Garben. Gebt mir mal euer Bund, das binden wir nun zusammen. Die Garben stellen wir zu einer Hocke auf. Sie trocknen jetzt in der Sonne. Und wir ruhen uns ein wenig aus und schlenkern mit Armen und Beinen. Nun ist das Korn trocken und aus den Ähren dreschen wir mit unserem Dreschflegel die Körner heraus. Dann sieben wir alles, damit die Spelzen von den Körnern getrennt werden. Nun kommt das Korn in Säcke. Mit einer großen Schippe schaufeln wir es hinein. Ich halte mal den Sack und ihr schippt. Gut, zugebunden und auf den Rücken gepackt. Puh, ist der schwer. Hier, jeder darf ein Stückchen tragen. Nun sind wir beim Müller. Lasst es uns machen wie der Müller. Er schüttet das Korn in die Mühle. Und nun wird es gemahlen. Schaut. Hier ist schon das Mehl. Seht!

Nun, das war viel Arbeit. Während der Bäcker daraus ein Brot backt, entspannen wir uns ein bisschen auf unserer Matte.

DAS SOMMERFELD

Nach einer Idee von Andreas Moldt

Du liegst auf einer weichen Unterlage auf dem Boden.
Dein Kopf liegt ganz entspannt auf.
Deine Arme liegen bequem neben deinem Körper.
Dein Rücken nähert sich dem Boden.
Deine Beine sind ausgestreckt.
Die Füße sind locker und gelöst.
Atme jetzt tief ein und wieder aus.
Wenn du möchtest, schließe deine Augen.
In dir sind Ruhe und Zufriedenheit.

Nun kann die Traumreise beginnen:

Stell dir vor, du liegst auf einem sommerlichen Feld. Du spürst ganz deutlich die Erde unter dir. Sie ist warm und fest und trägt dich. Der Duft von Blumen und Ähren steigt dir in die Nase und kitzelt sogar ein wenig, so dass du niesen musst. Das hört ein kleiner Vogel, der fröhlich pfeifend aus dem Feld auffliegt. Er steigt höher und höher in den Himmel, der Sonne entgegen.
Die Sonne scheint hell und warm. Direkt auf deine Arme, deine Beine und deinen Bauch. Alles wird angenehm warm.

Ein leichter Windhauch fährt durch das Feld und die Ähren bewegen sich wie Wellen hin und her und hin und her.

Ein Schmetterling fliegt auf die Blume, die dir am nächsten ist. Seine Flügel öffnen und schließen sich. Ganz leise – auf und zu, auf und zu. Du kannst die Farben und das Muster der Flügel erkennen. Der Schmetterling ist wunderschön.

Du öffnest deine Hand und da fliegt er zu dir und setzt sich darauf.

Seine kleinen Beine kribbeln etwas auf deiner Handfläche. Er ist so leicht, dass du ihn kaum spüren kannst. Aber er ist da. Du kannst ihn sehen und dich an ihm erfreuen.

Dann fliegt er lautlos weiter.

Am blauen Himmel ziehen ein paar Wolken. Sie haben unterschiedliche Formen. Eine sieht aus wie der Schmetterling...

Lass deine Gedanken noch eine Weile mit den Wolken ziehen, so lange, bis du meine Stimme wieder hörst.

Kleine Pause von 20 Sekunde bis maximal 1 Minute.

Du spürst wieder die Unterlage, auf der du jetzt liegst.

Du fühlst deine Arme und Beine.

Du beginnst deine Hände leicht zu bewegen.

Kreise nun sanft deine Füße.

Öffne deine Augen und komm im Hier und Jetzt an.

Die Geschichte kann von leiser Musik begleitet werden.

4. RÜCKMELDUNG

Wieder liegt eine Reise in der Phantasie hinter euch. Ich würde gern wissen, wie es euch ergangen ist. Was ihr besonders angenehm fandet und was vielleicht nicht so.

Geben Sie eine „Erzähläbre" o.ä. herum.

5. KREATIVE VERARBEITUNG

Bei diesem Thema ist viel möglich. Sie können noch einmal auf das Mehl zurückkommen und vielleicht Brötchen aus vorbereitetem Teig backen lassen.
Nehmen Sie den Schmetterling als Ausgangsmotiv, so lassen sich aus Pfeifenputzern und transparentem Papier herrlich bunte Schmetterlinge erstellen. Auch geklebte Schmetterlinge aus glitzerndem und schillerndem Material, gern auch Stoff, sind denkbar.

Was brauche ich?
Strauß aus Feldblumen
Bilder oder Darstellungen von Erntegeräten (Sense, Dreschflegel, Erntesieb)
Je nach Bedarf: Brot- oder Brötchenteig, Pfeifenputzer, transparentes buntes Papier, glitzernde Papiere und Stoffe, Zeichenblätter und Klebstoff

Am Strand
Für Kindergarten-, Vorschul- und Schulkinder

1. EINSTIMMUNG

Heute habe ich euch verschiedene Dinge mitgebracht. Sie geben euch Hinweise darauf, wo unsere
Gedankenreise heute hingehen soll. Ich bin gespannt,
ob ihr es erratet.

*Breiten Sie ein Badehandtuch in der Mitte aus, legen Sie Muscheln, Steine,
Seetang, Sonnenbrille, Wasserball, Holzmöwe etc. darauf.*

Ja, ihr habt es natürlich gleich herausbekommen.
Heute reisen wir an den Strand. Könnt ihr euch an
einen Besuch am Strand erinnern? Wo war das? Wie
war das?

*Lassen Sie sich in dieser Phase ruhig Zeit, da der Spannungsabbau bei dieser
Einheit kürzer ist.*

*Bereiten Sie eine Schüssel mit Sand und eine mit Wasser vor. In den Sand
stecken Sie kleine Muscheln und Steine. Es können auch kleine Spielfische
o.ä. sein.*

Am Strand kann man ganz viel entdecken. Vor allem
auch, wenn man ein wenig im Sand gräbt. Auch hier
im Sand in der Schüssel sind kleine Schätze versteckt.
Jeder darf jetzt vorsichtig versuchen, einen zu finden.
Achtet dabei auch darauf, wie sich der Sand anfühlt,
wenn ihr grabt.

*Geben Sie die Schüssel herum und fragen Sie die Kinder immer wieder nach
ihrem Tasterleben.*

Nun sind unsere Finger ganz sandig, und wir wollen
sie im Wasser abwaschen. Versucht, dies vorsichtig
zu tun und berichtet mir, wie sich das anfühlt.

Lassen Sie die Kinder ihre Hände in einer Schüssel abwaschen. Fragen Sie auch hier nach den Wahrnehmungen. Vergessen Sie nicht, ein Handtuch zu reichen, sonst haben Sie viele Kinder mit nassen Hosenbeinen.

Und wenn wir in die Sonne gehen, dann ist es auch wichtig, uns zu schützen. Dazu habe ich Sonnenmilch mitgebracht. Wer mag, kann sich ein klein wenig Sonnencreme auf den Handrücken schmieren, als wären wir tatsächlich am Strand.

Gehen Sie selbst herum und dosieren Sie kleine Tupfen Sonnencreme auf den Händen der Kinder. Achten Sie hier besonders darauf, dass Sie keine Kinder mit einer Allergie gegen Sonnenmilch in der Gruppe haben. Nehmen Sie in jedem Fall ein Sensitiv-Präparat.

Wenn ihr nun an eurer Hand riecht, könnt ihr euch vielleicht an Sommer und Strand erinnern.

2. SPANNUNG ABBAUEN

Manchmal bläst am Meer auch ein starker Wind. Er bewirkt, dass sich das ruhige Wasser zu Wellen auftürmt. Wir wollen nun einmal sein wie der Wind und blasen. Dazu setzt ihr euch auf eure Knie und stützt die Arme auf die Oberschenkel. Nun kann es losgehen. Erst sind wir ein kleines Lüftchen, und langsam wächst unser Blasen an bis hin zu einem Sturm. Und nun lässt der Wind langsam nach. Die Wellen glätten sich wieder und das Meer liegt blau und ruhig vor uns.

Wiederholen Sie den Vorgang noch zweimal.

AM STRAND

Du liegst auf einer weichen Unterlage auf dem Boden.
Dein Kopf liegt ganz entspannt auf.
Deine Arme liegen bequem neben deinem Körper.
Dein Rücken nähert sich dem Boden.
Deine Beine sind ausgestreckt.
Die Füße sind locker und gelöst.
Atme jetzt tief ein und wieder aus.
Wenn du möchtest, schließe deine Augen.
In dir sind Ruhe und Zufriedenheit.

Nun kann die Traumreise beginnen:

Stell dir vor, du liegst auf einem bunten Handtuch an einem Strand. Deine Hände berühren den Sand. Er ist trocken und die kleinen Körnchen sind an deinen Händen gut spürbar. Stück für Stück gräbst du tiefer in den Sand. Er wird nun feuchter und klumpiger. Deine Hand berührt etwas Festes, Rundes. Du hebst es hoch und betrachtest es. Eine herrliche Muschel liegt in deiner Hand.
Die Sonne scheint warm und hell auf deinen Körper. Du spürst die Wärme in dir und fühlst dich behaglich. Es ist angenehm, so zu liegen. Es riecht nach Sonnenmilch und die Luft ist ganz frisch.

Du stehst langsam auf und siehst auf das Wasser. Es schimmert in angenehmen Blau- und Grüntönen. Die Sonne glitzert darauf wie tausend kleine Goldstückchen. Es ist, als zwinkere dir die Sonne in ihrem Wasserspiegel zu. Du gehst zum Wasser und spürst den warmen Sand nun auch an deinen Füßen und die Wärme steigt in deinen Körper.

Am Wasser angekommen, prüfst du mit dem Fuß seine Wärme. Es ist angenehm warm. Bis zu den Knöcheln gehst du hinein und nimmst Wasser in beide Hände. Du hältst die Hände hoch und spritzt das Wasser herum. Wieder und immer wieder spritzt du mit dem Wasser und du bist fröhlich dabei. Die Wassertropfen glitzern in Regenbogenfarben. Sie sind angenehm kühl, wenn sie deine Haut berühren. Vom Herumtollen bist du ein wenig müde geworden und so gehst du gemächlich zurück zu deinem Handtuch. Du setzt dich darauf. Es ist flauschig und weich. Von hier hast du einen wunderbaren Blick über den Strand und das Meer und du genießt diesen Blick noch eine Zeit für dich allein, bis du meine Stimme wieder hörst.

Eine kleine Pause 20 Sekunden bis maximal 1Minute.

Nun ist es Zeit, sich vom Strand zu verabschieden.
Du spürst wieder die Unterlage, auf der du jetzt liegst.
Du fühlst deine Arme und Beine.
Du beginnst deine Hände leicht zu bewegen.
Kreise nun sanft deine Füße.

Öffne deine Augen und komm im Hier und Jetzt an.

Die Geschichte kann von leiser Musik oder gern auch von Wellengeräuschen begleitet werden. Oft sind Meeresgeräusche mit Walgesängen verbunden. Diese machen einigen Kindern jedoch Angst. Suchen Sie lieber „Wellen pur" heraus.

4. RÜCKMELDUNG

Na, seid ihr gut alle vom Strand zurückgekehrt? Vielleicht könnt ihr mir mal erzählen, wie es euch da so ging.

Geben Sie wieder einen Erzählgegenstand herum, z.B. eine Muschel.

5. KREATIVE VERARBEITUNG

Wer mag, kann mit den Kindern einen Sonnenhut falten. Es können Collagen aus Strandmaterialien entstehen, Strandvögel aus Federn, eine Flaschenpost oder kleine Segelboote. Lassen Sie sich selbst vom Thema inspirieren.

Was brauche ich?

Badetuch, Strandmatte

Muscheln, kleine Steine, Spielfische, Holzmöwen etc. für das Strandfeeling

Schüssel mit Sand, in der kleine Steine oder Muscheln vergraben sind

Schüssel mit Wasser und kleines Handtuch

Sensitiv-Sonnencreme

Je nach Bedarf: Faltpapier, Strandmaterial, Kleber, Stifte, PET-Flaschen für die kleine Flaschenpost, Materialien für kleine Boote etc.

Im Zirkus
Für Kindergarten- und Vorschulkinder

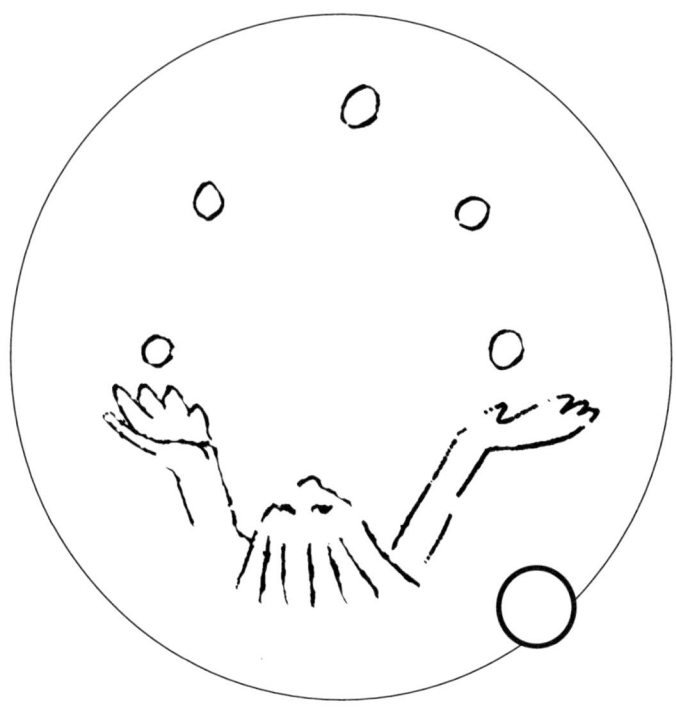

1. EINSTIMMUNG

Ratet mal, wohin unsere Reise heute gehen soll?

Legen Sie nach und nach Zirkusutensilien in die Mitte.

Richtig, wir werden einen Zirkus besuchen. War denn schon mal jemand von euch dort?

Lassen Sie die Kinder von den Zirkuserlebnissen erzählen. Lassen Sie sich berichten, wer in der Arena auftritt. Vielleicht haben Sie Bilder von Artisten oder eine Clownsnase.

Im Zirkus können wir viele verschiedene Dinge erleben, ihr habt ja schon einiges genannt. Manchmal trifft man dort einen Jongleur. Das ist jemand, der ganz viele Bälle oder Tücher durch die Luft wirbelt und wieder auffängt. Der kann richtige Kunststücke. Lasst uns jetzt auch einmal Jongleure sein. Hier aus meiner Hand kann sich jeder zwei Bälle nehmen. Echte Profis jonglieren mit dreien oder mehr. Wir versuchen es heute mal mit zwei unsichtbaren Bällen.

Gehen Sie herum und verteilen sie imaginäre Jonglierbälle.

Gut, wenn alle zwei Bälle haben, können wir erst einmal einen nach unten legen. Den brauchen wir noch nicht. Zuerst werfen wir einen Ball hoch und fangen ihn wieder auf. Und noch mal. Und nun werfen wir den Ball in einem Bogen von der einen in die andere Hand.

Lassen Sie die Kinder den Ball in der Vorstellung ein wenig hin und her werfen.

Das war schon echt vorstellungsreif. Nun nehmen wir noch den zweiten Ball und werfen den von der anderen Hand im Bogen hin und her. Das wird ganz schön schwierig, weil wir nun mal den einen und mal den anderen Ball auffangen müssen. Bei euch sieht das echt prima aus! Lasst uns nun ein wenig ausruhen und in Gedanken ein Stück verreisen.

IM ZIRKUS

Nach einer Idee von Carsten Herrmann

Du liegst auf einer weichen Unterlage auf dem Boden.
Dein Kopf liegt ganz entspannt auf.
Deine Arme liegen bequem neben deinem Körper.
Dein Rücken nähert sich dem Boden.
Deine Beine sind ausgestreckt.
Die Füße sind locker und gelöst.
Atme jetzt tief ein und wieder aus.
Wenn du möchtest, schließe deine Augen.
In dir sind Ruhe und Zufriedenheit.

Nun kann die Traumreise beginnen:

Stell dir vor, du stehst auf einer Wiese und erblickst ein großes Zirkuszelt. Es ist ganz bunt und oben an seiner Spitze flattern Wimpel lustig im Wind. Du gehst auf das Zelt zu und stehst schließlich vor seinem Eingang. Er ist ein roter Vorhang. Du schiebst ihn zur Seite und betrittst das Zirkuszelt. Alle Gedanken, die dich stören, alle Geräusche, die du eben noch hören konntest, klingen wie aus großer Ferne, bis du sie gar nicht mehr wahrnimmst.
Du fühlst dich geborgen in dem Zelt.

Hier duftet es herrlich nach frischen Sägespänen und Zuckerwatte. Du atmest tief ein und wieder aus. Du nimmst die Gerüche ganz bewusst wahr und atmest noch einmal tief ein und aus.

Der Boden, auf dem du stehst, besteht aus feinen Sägespänen, und du kannst sie an deinen Füßen gut spüren. Sie sind an manchen Stellen weich, an anderen ein wenig hart, und manchmal kitzeln sie etwas deine Füße, wenn du langsam auf die Manege in der Mitte des Zirkuszelts zugehst.

Am Rande der Manege sind in einem Kreis Stühle aufgestellt. Sie sehen sehr bequem aus. Du nimmst auf einem Platz. Du spürst, wie angenehm weich der Stuhl ist und wie du ganz entspannt darauf sitzen kannst. Du spürst, wo er deinen Rücken berührt, deinen Po, deine Beine. Du sitzt auf dem Stuhl und bemerkst, wie deine Arme und Beine immer lockerer und noch lockerer werden.

Wenn du nun so ganz bequem ruhig und schon ein wenig entspannt dasitzt, beginnt die Vorstellung.

Zuerst kommen zwei Pferde in die Manege galoppiert. Sie sind mit bunten Federbüscheln auf dem Kopf geschmückt. Am Hals tragen sie jedes ein kleines Glöckchen, welches fröhlich klingelt.

Auf dem Rücken des einen Pferdes steht eine kleine Artistin. Sie steht auf einem Bein. Und sieh, da macht sie einen Handstand auf dem laufenden Pferd. Dann hüpft sie mit Schwung vom Pferd und landet sicher auf dem Boden. Sie winkt dir freundlich zu und verschwindet mit den Pferden hinter einem Vorhang.

Nun stapfen drei Elefanten in die Mitte des Zirkuszelts. Sie sind ganz dick und schwer. Der größte der Elefanten stellt sich auf seine Hinterbeine. Die beiden anderen setzen sich auf große, runde Hocker, die in der Manege stehen. Alle drei heben nun ihre Rüssel. Dann trotten sie gemächlich hinter den Vorhang.

Als nächstes kommen zwei Jongleure herein. Sie ziehen einen kleinen Wagen hinter sich her, auf dem du bunte Bälle und Tücher entdecken kannst. Flink werfen sie die Bälle und Tücher in die Luft und jonglieren damit herum. Sie werfen sie sich gegenseitig zu und einer fängt die Bälle sogar mit verbundenen Augen. Es sieht ganz locker aus, wie sie so mit Tüchern und Bällen werfen, und sie lachen beide dabei und haben Spaß. Da merkst auch du, wie du wieder ein wenig lockerer wirst: erst deine Arme und dann deine Beine. Du wirst lockerer und immer lockerer.

Was wäre jedoch ein Zirkus ohne einen Clown? Schon stolpert er in die Manege. Er ist lustig anzusehen und lacht über das ganze Gesicht. Er trägt einen kleinen Koffer bei sich, der immer und immer wieder aufgeht. Alles, was darin ist, fällt heraus. Das sieht wirklich komisch aus. Und du musst lachen. Der Clown trägt eine kleine Blume in der Hand. Er kommt auf dich zu und will dir die Blume geben. Gerade, als du sie greifen willst, kommt aus ihren Blütenblättern ein kleiner Wasserspritzer und trifft dich an der Wange. Das Wasser ist kühl und frisch. Du bist ein wenig überrascht, aber nicht lange, dann müsst ihr beide über den Scherz lachen.

Nun klatscht der Clown dreimal in die Hände und alle, die bei der Zirkusvorstellung mitgemacht haben, kommen noch einmal in die Manege: die Pferde und die Artistin, die Elefanten und die Jongleure. Sie verbeugen sich und winken dir zum Abschied zu.

Du klatschst und winkst zurück.

Du gehst gemächlich aus dem Zirkuszelt und der rote Vorhang schließt sich hinter dir.

Nun kommst du langsam zurück von der Traumreise.

Du spürst wieder die Unterlage, auf der du jetzt liegst.

Du fühlst deine Arme und Beine.

Du beginnst deine Hände leicht zu bewegen.

Kreise nun sanft deine Füße.

Öffne deine Augen und komm im Hier und Jetzt an.

Die Geschichte kann von leiser Musik begleitet werden.

4. RÜCKMELDUNG

Na, seid ihr gut alle aus dem Zirkus zurückgekehrt? Vielleicht könnt ihr mir mal erzählen, wie es euch da so ging, was euch gut gefallen hat und ob es etwas gab, was ihr vielleicht nicht so toll fandet.

Geben Sie wieder einen Erzählgegenstand herum, z.B. ein Jongliertuch.

Am schönsten ist ein Zirkusbild, das die Kinder nach dieser Traumreise malen können.

Was brauche ich?
Jongliertücher, Jonglierbälle, Clownsnase, Schminke und Dinge für das Zirkusfeeling
Stifte und Papier zum Malen

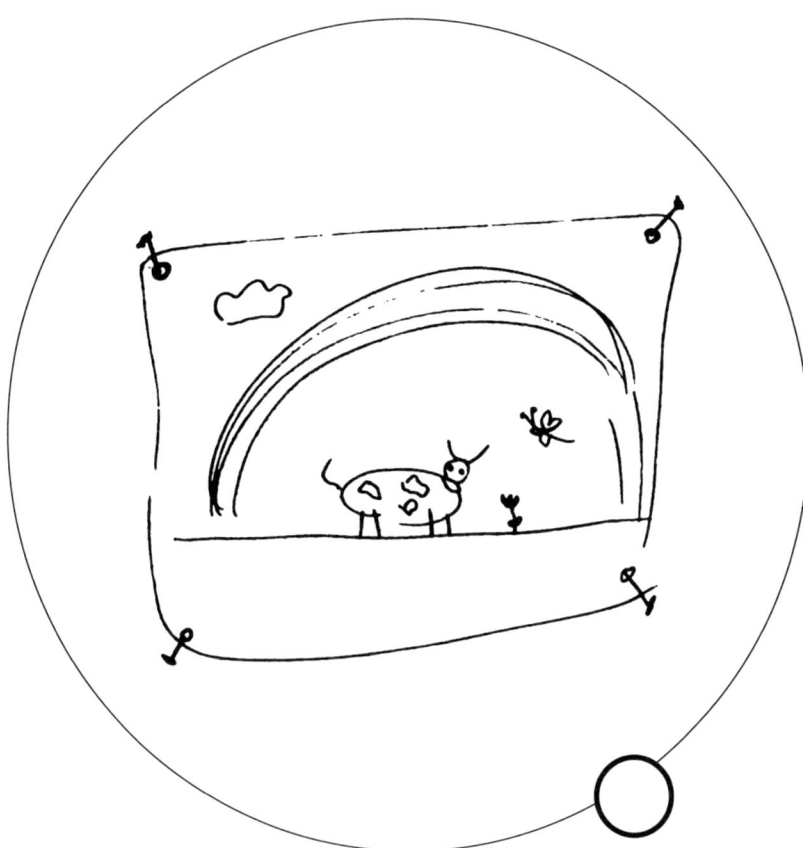

Das Land der Farben
für Kindergarten-, Vorschul- und Schulkinder

1. EINSTIMMUNG

Wieder einmal wollen wir gemeinsam eine Reise in unserer Phantasie unternehmen. Bei unserem heutigen Ausflug spielen Farben eine große Rolle.

Breiten Sie in der Mitte Tücher unterschiedlicher Farben aus. Die Regenbogenfarben sollten dabei sein. Die Anzahl der Tücher sollte ein wenig größer sein als die der Kinder.

Habt ihr eine Lieblingsfarbe? Warum gefällt die euch denn so? Ich mag es am liebsten ganz bunt, so bunt wie der Regenbogen ist. Hat denn von euch schon mal jemand einen Regenbogen gesehen? Wann kann man den denn entdecken? Und welche Farben hat er?

Kommen Sie mit den Kindern in ein Gespräch.

2. SPANNUNG ABBAUEN

Nun könnt ihr euch alle ein Tuch nehmen. Falls es nicht gerade eure Lieblingsfarbe ist, probiert einfach mal eine andere Farbe aus.

Wir wollen einen kleinen Tanz mit den Tüchern machen. Das ist der Tanz der Regentropfen, die sich im Regenbogen hin und her bewegen. Dazu schwingen wir sie erst einmal nach links und nach rechts. Nun nach oben und unten und noch einmal links und rechts. Nun gehen wir drei Schritte nach links und wedeln dann mit unserem Tuch. Wir gehen jetzt drei Schritte in die Mitte und wedeln wieder mit dem Tuch. Nachdem wir wieder drei Schritte aus der Mitte nach hinten gegangen sind, wedeln wir noch einmal mit dem Tuch und drehen uns einmal um uns herum und gehen dann wieder drei Schritte nach rechts und wedeln noch einmal mit dem Tuch.

Der kleine Tanz kann gern wiederholt werden. Gehen Sie langsam, so dass die Kinder gut mitkommen.

Lasst uns jetzt unsere Beine und den restlichen Körper ein wenig ausruhen.

3. ENTSPANNUNGSGESCHICHTE

REISE DURCH DEN REGENBOGEN

Nach einer Idee von Lisa Linge

Du liegst auf einer weichen Unterlage auf dem Boden.
Dein Kopf liegt ganz entspannt auf.
Deine Arme liegen bequem neben deinem Körper.
Dein Rücken nähert sich dem Boden.
Deine Beine sind ausgestreckt.
Die Füße sind locker und gelöst.
Atme jetzt tief ein und wieder aus.
Wenn du möchtest, schließe deine Augen.
In dir sind Ruhe und Zufriedenheit.

Nun kann die Traumreise beginnen:

Stell dir vor, du liegst auf einer Wiese in der Sonne. Die Sonnenstrahlen wärmen deinen ganzen Körper. Du liegst entspannt da und genießt die herrliche Wärme, die deinen Körper umgibt. Der Himmel über dir ist strahlend blau. Das Blau ist leuchtend und wunderschön. Du hast das Gefühl, dass es dich einhüllt wie eine blaue Kuscheldecke. Das Himmelsblau umgibt dich ganz und du genießt es.

Dann schaust du dich auf der Wiese um, auf der du es dir gemütlich gemacht hast. Es ist Sommer und die Wiese ist saftig grün. Du entdeckst ganz viele verschiedene Grüntöne. Du läufst über die Wiese und schaust, welches Grün dir am besten gefällt. Du merkst das Gras unter deinen Füßen und es kitzelt dich ein wenig. Du fühlst dich ganz zufrieden und wohl.

Nachdem du eine Weile über die Wiese spaziert bist, siehst du ein großes Sonnenblumenfeld. Die gelben Blüten strahlen so, als hätten sie ein Stückchen Sonne in sich. Du läufst zwischen den gelben und goldenen Sonnenblumen hindurch. Du riechst, wie sie duften und hörst ein paar Bienen summen. Du spürst, wie die gelbe Farbe dich umgibt und dich fröhlich macht.

Am Ende des Sonnenblumenfeldes steht ein prächtiges Schloss. Das Tor steht weit offen und lädt dich ein, hineinzugehen.

Du läufst eine schöne violette Treppe hinauf und kommst in einen Saal, dessen Wände mit wunderbar funkelnden orangefarbenen Edelsteinen bedeckt sind. Dadurch ist auch das Licht im Saal orangefarben. Auf dem Boden liegt ein dicker, wuscheliger Teppich. Du gehst darüber und spürst, wie weich er ist und du genießt die helle und muntere Stimmung des Saals.

Du entdeckst eine große Flügeltür, die sich von selbst öffnet, als du auf sie zugehst.

Dahinter ist ein Raum mit einer großen runden Badewanne in der Mitte. Auf dem Wasser in der Wanne schwimmen rote und purpurfarbene Rosenblüten und -blätter. Sie verbreiten einen angenehmen Duft. Du bereitest dich für ein Bad vor und kletterst in die Wanne. Du spürst die angenehme Wärme des Wassers, das dich umgibt. Die Sonne scheint warm und in rötlichem Licht auf das Wasser und du genießt diesen Augenblick. Bis du meine Stimme wieder hörst.

Eine kleine Pause 20 Sekunden bis maximal 1 Minute.

Nun kommst du langsam zurück von der Traumreise.

Du spürst wieder die Unterlage, auf der du jetzt liegst.

Du fühlst deine Arme und Beine.

Du beginnst deine Hände leicht zu bewegen.

Kreise nun sanft deine Füße.

Öffne deine Augen und komm im Hier und Jetzt an.

Die Geschichte kann von leiser Musik begleitet werden.

Seid ihr wieder gut hier angekommen? Was habt ihr denn auf eurer Reise so erlebt? Wie ging es euch dabei?

Geben Sie ein Stück vom Regenbogen als Erzählhilfe herum (z.B. einen Regenbogen aus Regenbogenpapier).

5. KREATIVE VERARBEITUNG

Das Thema Regenbogen ist sehr vielfältig, was kreative Momente betrifft. Ein einfaches Bild ist ebenso möglich wie Mobiles aus alten CDs, die auf der Rückseite regenbogenfarben schimmern. Auch Aquarellregenbögen sind ein kreativer Ausklang dieser Entspannungseinheit.

Was brauche ich?
Tücher in verschiedenen Farben (Regenbogenfarben)
Material zur kreativen Verarbeitung
Je nach Bedarf : Stifte, Papier, Aquarellfarben, CD-Rohlinge

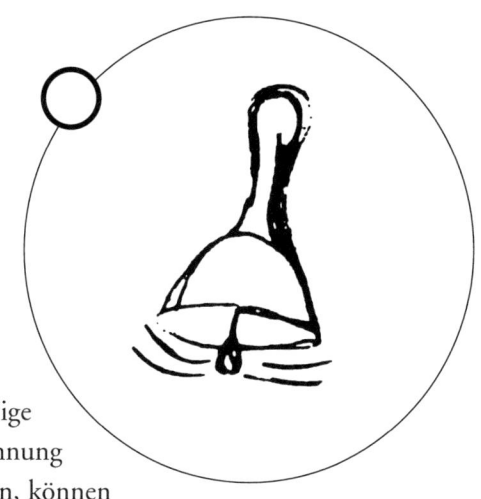

Schlussbemerkung

Nun, nachdem Sie schon einige
Erfahrungen mit der Entspannung
mit Kindern gesammelt haben, können
Sie vielleicht feststellen, dass es manchmal ganz schön anstrengend sein
kann, mit Kindern zu entspannen und gleichzeitig so bereichernd.

Möglicherweise konnten Sie eintauchen in die kindliche Vorstellungs-
welt, konnten sich ein wenig anstecken lassen vom Versunkensein der
Kinder in eine Handlung oder Geschichte, konnten selbst ein wenig
Entspannung und Gelassenheit erfahren.

Vielleicht haben Sie auch die Erfahrung gemacht, dass die konkrete
praktische Umsetzung eben nicht immer nach Plan läuft. Na ja, warum
sollte das bei der Entspannung mit Kindern anders sein als in sonstigen
Lebensbereichen? Finden Sie Ihren eigenen Weg.

Viel Freude dabei!

Literatur

Jacobson, E. (1934). *You must relax.* New York: Mc. Graw-Hill Publishing Company.

Krampen, G. (2000). *Interventionsspezifische Diagnostik und Evaluation beim Einsatz systematischer Entspannungsmethoden bei Kindern und Jugendlichen.* Report Psychologie, 25, 182-205.

Krowatschek, D. & Zuzack, U. (2000). *Entspannung in Kindergarten und Grundschule.* Lichtenau: AOL-Verlag.

Lutz, R. (1983). *Genuß und Genießen.* Weinheim: Belz.

Koppenhöfer, E. (1990). *Therapie und Förderung genussvollen Erlebens und Handelns.* In: Zielke, M. & Mark, N. (Hg.). Fortschritte der angewandten Verhaltensmedizin. S. 250-263. Berlin: Springer.

Ohm, D. (2000). *Progressive Relaxation für Kids.* Stuttgart: Thieme.

Petermann, U. (2006). *Die Kapitän Nemo Geschichten. Geschichten gegen Angst und Stress.* Freiburg: Herder.

Petermann U. & Petermann F. (2003). *Eine Reise mit Kapitän Nemo.* Report Psychologie, 28, 86-95.

Pfeifer, W. (1993). *Etymologisches Wörterbuch des Deutschen.* 2. Auflage. Berlin: Akademie-Verlag.

Schultz, J.H. (1936). *Das autogene Training (konzentrative Selbstentspannung). Versuch einer klinisch-praktischen Darstellung.* Mit 16 Abbildungen. Leipzig: G. Thieme.